FRITZ STERN

Zu Hause in der Ferne

FRITZ STERN

Zu Hause in der Ferne

Historische Essays | C.H.Beck

Aus dem Englischen übertragen
unter Mitarbeit von Andrea Stumpf

Satz: Fotosatz Amann, Memmingen
Druck und Bindung: CPI – Ebner & Spiegel, Ulm
Umschlaggestaltung: Konstanze Berner, München
Umschlagabbildung: © Isolde Ohlbaum, München
Gedruckt auf säurefreiem, alterungsbeständigen Papier
(hergestellt aus chlorfrei gebleichtem Zellstoff)
Printed in Germany
ISBN 978 3 406 68296 4

www.beck.de

Für Haug von Kuenheim in Freundschaft

Inhalt

Vorwort

Heinrich Heine verstand Freiheitsliebe als Kerkerblume – im Kerker entbrennt diese Leidenschaft. Er hat es selbst gespürt. Über Jahrhunderte gab es in Europa eine Art geistigen Kerker; Staat und Kirche versuchten durch Zensur und Unterdrückung alles Unbotmäßige und Unorthodoxe zu verbieten. Heine beklagte jegliche Unterdrückung und fand, dass nach 1815 «ganz Europa ein Sankt Helena [wurde] und Metternich wurde Hudson Lowe.»* Aber selbst in dieser düsteren Welt existierten Inseln der Freiheit, die zumindest ein Leben im Exil erlaubten. Der Kampf um die Hoffnung der Aufklärung des 18. Jahrhunderts («Geben Sie Gedankenfreiheit») wurde im 19. Jahrhundert in England und Holland, und am Anfang der Französischen Revolution weitestgehend verwirklicht. Im 20. Jahrhundert dann wurde Freiheit brutal zerstört. Eine fürchterliche Folge von Zensur, von *surveillance* jeglicher Art, auch von «political correctness», die oft unbewusste Selbst-Zensur, man unterdrückt sich selbst.

* Lowe war Gouverneur von St. Helena und als solcher verruchter Wächter von Napoleon.

Als Kind im Nationalsozialismus habe ich den Kerker von Außen und die Furcht vor ihm im Inneren selbst erlebt. Freiheit war die tiefe Glut im Leben, von braunem Schutt überlagert. Freunde teilten die Leidenschaft: Ich denke an Ralf Dahrendorf und an den mutigen Bronisław Geremek, der im Gefängnis schmachtete und als leidenschaftlicher Europäer sein Lebenswerk beendete.

Exil kann zweideutig sein: zeitlich begrenzte Flucht mit Aussicht auf Heimkehr oder der Anfang eines neuen Lebens in einem neuen Milieu und in diesem Milieu sich ein Zuhause zu schaffen. Es bedeutet einen neuen Anfang, und aus der Ferne erwächst ein neuer, ein anderer Blick auf die verlassene Vergangenheit.

Deutschlands Aufstieg im 19. Jahrhundert erschütterte Europa. Eine militärische Macht entstand, gefördert von einer disziplinierten Gesellschaft, in der Wirtschaft und Wissenschaft dynamisch vorwärts strebten. Gewollt oder nicht, das neue Reich wurde zur Hegemonialmacht in Europa. Das Land aber war innerlich gespalten, und seine Führung wechselhaft und oft verunsichert, mit einer Neigung zum aggressiven Auftreten.

Deutsche Vergangenheit des 20. Jahrhunderts bleibt ein Vermächtnis von Katastrophen und ist daher eine ständige Herausforderung für Historiker. Einer der Essays behandelt jene Fehlentwicklung, die oft als Wilhelminismus gekennzeichnet worden ist. Zwei Größen der deutschen Wissenschaft – Einstein und Haber – hatten ein grundverschiedenes Verhältnis zu diesem Aufstieg – und beide mussten ihr Leben im Exil beenden.

Von Kindheit an wusste ich, dass es Menschen gab, die

sich gegen den bejubelten NS-Staat stellten, die ihren Anstand auf viele Weisen aktiv bewiesen, und das in dem Bewusstsein, dass ihnen Folter und Tod drohten. Ich war dankbar für jede Gelegenheit, die Erinnerung an diese Menschen wachzuhalten und zu vertiefen. Deutsche Vergangenheit schärft den Blick auf die amerikanische Gegenwart, bedrückend, wie sie einem jetzt erscheint.

Die zweite deutsche Republik konnte sich friedlich entwickeln dank Menschen, die aus der Vergangenheit gelernt haben und sich für einen demokratischen Neuanfang engagierten. Aber auch Dank des amerikanischen Schutzes; und man kann mit Recht sagen, dass die Bundesrepublik den größten Erfolg der amerikanischen Außenpolitik nach dem Zweiten Weltkrieg darstellt. Bemerkenswert ist, dass die jetzige politische Leitung des Landes bestimmt wird von Menschen, die im östlichen Kerker aufgewachsen sind. Die Bundesrepublik genoss *Fortuna*, etwas, dass vorhergehenden Staatsformen fatal fehlte.

Ich bin dankbar für die verschiedenen Aufforderungen, die zu diesen Essays geführt haben. Zu Hause in einer neuen Welt, konfrontiert mit neuen Herausforderungen, konnte ich versuchen, deutsche und europäische Vergangenheit mit amerikanischer Gegenwart zu verbinden. Auch hier mag meine Ansicht, dass Geschichte ein menschliches Drama darstellt, von Menschen gestaltet und erlitten, herrühren und sichtbar werden.

Die folgenden Essays gehören zu einer von mir besonders bevorzugten Gattung des Schreibens: Das Festhalten am spontanen Einfall, ein ahnendes Grübeln, auf Kosten von langwieriger Vollkommenheit. Ein Essay ist ein Versuch, manchmal sogar ein Wagnis, und ich habe eine Auswahl von Versuchen, die mir besonders am Herzen liegen, getroffen.

Ich bin Detlef Felken, Cheflektor bei C.H.Beck, erneut herzlich dankbar für sein Verständnis, seine Ermutigung und seine oft notwendigen Korrekturen.

Fritz Stern
29. April 2015

Dankesrede für die Verleihung des Friedenspreises

(1999)

Zuerst meinen Dank an den Börsenverein des Deutschen Buchhandels für diese Ehre. Es ist eine beklemmend großartige Reihe, in die Sie mich aufnehmen: bewundernswerte Schriftsteller, die hier vor Ihnen standen. Heute verleihen Sie den Preis – ich glaube zum ersten Mal – einem Historiker, einem Erben einer alten Kunst und einem Schüler einer relativ neuen, sich stets ändernden Wissenschaft. Wir Historiker sind aufeinander angewiesen, lernen voneinander, und daher – und auch als eine Art Selbstbefreiung – möchte ich Ihren Preis umdeuten als eine Anerkennung der Historie überhaupt, unseres Bestrebens, der Gegenwart die Vergangenheit darzustellen. Der Ansporn kommt zur richtigen Zeit, und wir wiederum sind allen Kollegen des Buchhandels dankbar, denn ohne ihr Bemühen hätten wir gar keine Leser. Das gedruckte Buch wird auch in der elektronischen Zukunft den Menschen ein unentbehrlicher Wert bleiben. Ich bin dem Außenminister der Republik Polen dankbarer, als ich es je ausdrücken könnte. Lieber Bronik Geremek, Sie sind eine beglückende Ausnahme unter uns Historikern. Nicht nur weil Sie der erste große Historiker seit Alexis de Tocqueville sind, dem das Amt eines Außenministers anvertraut worden ist; Tocqueville wurde französischer

Außenminister genau vor 150 Jahren und bedauerte das Scheitern liberaler Hoffnungen auf deutsche Einheit. Sie, Herr Außenminister, und die Menschen in Ihrem Land haben das befreiende Jahr 1989 mitbestimmt, das den friedlichen Zerfall des kommunistischen Imperiums bewirkte und die deutsche Wiedervereinigung ermöglichte. Sie haben Ihr Geschichtswissen in politische Tat umgesetzt: Sie haben das Leben der Ausgeschlossenen des französischen Mittelalters erforscht, und Sie haben Ihrer ausgeschlossenen Nation den Weg in die Freiheit mit ermöglicht, und zwar mit Hinnahme eigener Verfolgung. Die Vision Europa hat Solidarność ermutigt, und das jetzige Europa verdankt Solidarność die Möglichkeit seiner Vereinigung. Unser gemeinsamer Auftritt hier ist aber auch Zeugnis für das neue Deutschland, ein Land, in dem so viele Bürger sich der Vergangenheit bewusst sind und sich um Versöhnung bemühen.

Ich dachte, meine Bewunderung für die polnische Nation sei eigene Errungenschaft, aber inzwischen weiß ich, dass mein Urgroßvater väterlicherseits, ein bekannter Arzt in Breslau, jetzt Wrocław, im Jahre 1849 für seinen prodemokratischen Einsatz und seine polnischen Sympathien für ein Jahr ins Gefängnis kam. Diese Ehre ist mir erspart geblieben, aber ich empfinde den heutigen Tag als eine feierliche Bestätigung seiner Überzeugungen. Ich freue mich über die wiederaufgenommene Familientradition.

Diese Feier ist die letzte in diesem Jahrhundert und die erste in der neuen Berliner Republik. Unvermeidlich stoßen wir auf Vergangenheit und Gegenwart: Sie sind untrennbar. Es gibt kein Ende der Geschichte, auch keinen

Schlussstrich, keinen völlig neuen Anfang. Trotzdem begrüße ich die neu proklamierte Berliner Republik mit großem Vertrauen und mit kleinem Unbehagen. Die ersten 50 Jahre der Bundesrepublik rechtfertigen das Vertrauen. Das Unbehagen entspringt der Benennung: Warum müssen deutsche Demokratien durch Städte begrenzt oder identifiziert werden: Weimar, Bonn, Berlin. Damit wird die unerwünschte Diskontinuität nur unterstrichen. Warum nicht endlich eine deutsche Demokratie, wie so manche sie sich hier in der Paulskirche gewünscht und für die so viele später gekämpft haben? In seiner bewegenden Rede am 17. Juni 1988 hat der damalige Bundesverfassungsgerichtspräsident Roman Herzog den Wunsch nach «leisen Tönen» geäußert, leisen Tönen für die deutsche Frage. Berlin ist für vieles bekannt, doch nicht gerade für leise Töne.

Als mir Herr Ulmer am 19. April die mich völlig verblüffende Nachricht übermittelte, dass ich den Friedenspreis erhalten sollte, standen wir am Anfang eines Krieges, der nicht aus nationalem Egoismus oder aus wirtschaftlichen Interessen entsprang, sondern aus dem Entschluss einer demokratischen Allianz, eine brutale Unmenschlichkeit nicht länger zu dulden. Die militärische Verteidigung der Menschenrechte ist etwas Erstmaliges, aber in einer Zeit des neu aufsteigenden Nationalismus – der den Kommunismus sozusagen beerbt hat als vorherrschende Ideologie – stehen uns ähnliche Fälle bevor. Diese Entscheidungen können nicht ad hoc erledigt werden; als Mindestvoraussetzung brauchen wir ein klares Konzept für das Zusammenwirken der westlichen Demokratien.

Die Verantwortung sollte nicht allein bei der einen globalen Macht liegen.

Der ewige Friede bleibt unerreichbare Utopie; Immanuel Kant erkannte die Notwendigkeit von internationalen Institutionen, die «der Bösartigkeit der menschlichen Natur» Einhalt bieten könnten. Unsere internationalen Institutionen sind noch zu schwach für solche Aufgaben. Aber der Friede fängt im Inneren an, auch mit dem Einzelnen. Das Gebot «Liebe deinen Nächsten wie dich selbst» setzt eine Selbstliebe voraus, die in ihrer Existenz oder Berechtigung nicht unbedingt vorausgesetzt werden kann. Friede verlangt nach einem Minimum von innerem Zusammenhalt: Im Leben Europas und der Vereinigten Staaten haben innere Spannungen oft zu äußeren Auseinandersetzungen geführt; in einem Land der Unzufriedenheit oder einem Land, das sich in einem latenten Bürgerkrieg zu befinden glaubt, mag eine Verlagerung des Konflikts, eine Flucht nach vorn eine gewisse Versuchung darstellen.

Der Erste Weltkrieg – die Urkatastrophe in diesem Jahrhundert – entstand zum Teil aus den inneren Zerwürfnissen der großen Mächte, gerade auch in dem kaiserlichen Deutschland, diesem zerrissenen Land, in dem die paranoide Angst vor sogenannten inneren Feinden die Angst vor äußeren Feinden schürte. Der innere Friede ist Voraussetzung für maßvolle Politik nach außen. Auch daher meine Hoffnung, schon oft geäußert, dass das neue Deutschland seine innere Versöhnung finden möge. Es darf in diesem Deutschland keine Bürger zweiter Klasse geben oder Menschen, die sich als solche empfinden; es hat genug Bürger zweiter Klasse in der Geschichte gegeben. Ich habe es selbst erlebt.

Wir stehen am Ende des grausamsten Jahrhunderts in der Geschichte Europas – eine solche Vergangenheit vergeht nicht. Sie ist gegenwärtig in allen unseren Ländern, aus begreiflichen Gründen besonders stark in Deutschland. Mit Recht gibt es Mahnungen gegen Vergessen, diese Stimmen aber beschwören keine Schuld für die heutige Generation. Gefordert wird Verantwortung, verstärkt durch das Wissen um Fehler und Verbrechen in der Vergangenheit. Wir können aus der Vergangenheit lernen, auch dass der Gang der Geschichte offen ist, dass er von Menschen gestaltet wird. Der Glaube an historische Zwangsläufigkeit ist ein gefährlicher Irrtum. Er verführt zur Passivität.

In früheren Zeiten wurde das Geschichtsstudium als Eckpfeiler der Bildung betrachtet. Große Dramatiker brachten Historie auf die Bühne, und Historiker genossen so etwas wie ein Monopol für die Erzählung erforschter Vergangenheit. In einem waren sich Dramendichter und Historiker einig: Die Geschichte ist menschliches Drama, das Wissen um die Vergangenheit sollte das Leben bereichern und erklären.

Ein Dramatiker war in vieler Hinsicht eine Ausnahme: Georg Büchner hat in «Dantons Tod» die große Tragik der Französischen Revolution geschildert, dieses Blutvergießen mit gutem Gewissen. Dantons unerbittliche Frage an Robespierre sollte auswendig gelernt werden: «Ist denn nichts in dir, was dir nicht manchmal ganz leise, heimlich sagte, du lügst, du lügst.»

Sein Stück wurde als unsittlich beschimpft, seine freiheitlich-radikalen Ideen im «Hessischen Landboten», die soziale Gerechtigkeit fordernd, bedingten sein Exil.

Die meisten Historiker und auch Dramatiker waren eher autoritätskonform und passten sich an jegliches Establishment an und sie wollten und sollten ja identitätsstiftend sein, ihrer Nation eine glorreiche Vergangenheit präsentieren. Kritik war suspekt und meist unerwünscht. Für radikal kritische Darsteller, wie es auch Büchner in seinen politischen Äußerungen war, gab und gibt es im Deutschen den hässlichen Ausdruck des Nestbeschmutzers, der freilich meist die trifft, die das Nest bereinigen wollen.

Historiker sind nicht mehr die Hauptverwalter der Vergangenheit; sie teilen die Verantwortung mit den Regisseuren neuer Medien, die jetzt die Vergangenheit – oft in notgedrungener Verkürzung und oft auch in vermeidbarer Verzerrung – in Beschlag nehmen. Auch hat sich die Zunft zurückgezogen in immer engere Spezialisierung, und schriftstellerische Ambitionen werden oft als nebensächlich abgestreift.

Was aber deutsche Historiker in kritischer Auseinandersetzung mit der Vergangenheit in den letzten 40 Jahren erreicht haben, ist bewundernswert. Wir haben heute ein sehr viel nuancierteres Bild der deutschen Vergangenheit als je vorher. Historikerstreit hat es und wird es immer geben: aber was erreicht wurde – die Verbindung mit der internationalen Forschung, der Einklang mit Fachkollegen im Ausland –, wird nicht leicht verloren gehen.

Wir leben heute im Zeichen einer Erinnerungskultur, in der die Erinnerungen Einzelner ebenso wie öffentliche ritualisierte Erinnerung einen wichtigen Platz einnehmen. In den 80er Jahren begann eine Welle von Erinnerungstagen, die die Schreckenszeiten ins Gedächtnis riefen; die Rede von Bundespräsident von Weizsäcker am 8. Mai 1985 war eines der eindrucksvollsten Plädoyers, der Opfer deutscher Gewalt zu gedenken. «Schonung unserer Gefühle durch uns selber oder durch andere hilft nicht weiter.» Der Generationswechsel kommt hinzu: Die Menschen, die noch die volle Wucht extremer Zeiten erlebt haben, treten ab und wollen doch noch Zeugnis ablegen, auch stellvertretend für diejenigen, die als stumme Opfer aus dem Leben scheiden mussten. Die 100 Millionen Europäer, die in diesem Jahrhundert einem unnatürlichen Tode verfallen sind, bleiben in unserem Gedächtnis.

Neue Forschungen über Verstrickungen in bisher unvermuteten Bereichen deutschen und europäischen Lebens haben kritische Auseinandersetzungen mit der Vergangenheit verschärft. Viele unserer Länder befinden sich sowieso im Zuge eines historischen Revisionismus, das heißt, man befasst sich mit den dunklen Seiten der Vergangenheit, um das überlieferte, meist biedere Bild zu korrigieren.

Jeglicher Revisionismus bringt neue Entzweiung mit sich. Deutschland mit der größten Last hat am frühesten mit diesem Revisionismus angefangen; man muss hoffen, dass die schwer erkämpfte Offenheit bestehen bleibt. Deutsche Geschichte wird immer umstritten bleiben, und zwar die gesamte Geschichte und besonders die des Dritten Reichs, das weder Zufall noch historische Notwendigkeit, weder Ausnahme noch Ziel deutscher Geschichte war. Ein ausgewogenes Urteil über die eigene Vergangenheit zu gewinnen ist nicht leicht. Am Vorabend des Schweizer Nationalfeiertags hörte ich die Bundespräsidentin Ruth Dreyfuss sagen, dass sie an ihr Land mit «Dankbarkeit und Schmerz» denkt. Diese Worte empfand ich als einen neuen und überzeugenden Ton in der politischen Sprache Europas; sie beschreiben eine schwierige, aber notwendige Mischung der Gefühle.

Erinnerung und Historie sind verwandt und doch tief verschieden. Erinnerung klammert sich an symbolhaltiges Geschehen, ein Bild aus der Vergangenheit haftet in uns. Erinnerung mag mächtig und kann doch ungenau sein, sie hält uns wach, aber führt uns nur an die Schwelle von historischem Verständnis. Erinnerung ist keine erforschende Rekonstruktion der Vergangenheit. Es könnte sein, dass eine nur erinnerte Vergangenheit als Ersatz-Vergangenheit ein ahistorisches Zeitalter in ihrem Bann hält.

Ich habe meine eigenen Erinnerungen: Die Zeiten des Nationalsozialismus sind mir schärfer im Bewusstsein als die Erlebnisse ruhiger Zeiten. Als Siebenjähriger habe ich die Wochen der Machtergreifung erlebt, die ersten Verschleppungen der politischen Feinde des neuen Regimes, Freunde meiner Eltern. Die ersten Opfer des Nationalsozialismus und der wiedereingeführten Folter waren so genannte Arier. Zynischer Sadismus begleitete das Regime von Anfang an. Dachau war mir ein Schreckensbegriff, und ich erinnere mich an die Angst, die der Terror verbreitete, auch an die Hetze gegen Juden, an ihre stets erweiterte Ausgrenzung, wie auch an den Anstand von treu gebliebenen Freunden, an Pastoren der Bekennenden Kirche, die mehrmals im Gefängnis verschwanden – zu einer Zeit, da die meisten Menschen dem Regime und seinen Erfolgen mit Begeisterung folgten. Es war eine Zeit des Aufschwungs und des Scheins von Normalität; Staat und Partei genossen ein Monopol der Kriminalität. Noch sehe ich die glanzvollen Aufmärsche uniformierter Nazis, die mit ihren stolz getragenen Riemen Macht und Bedrohung ausstrahlten. Im Breslauer Gymnasium habe ich Niedertracht und Anstand erfahren, Schmerz und Dankbarkeit empfunden. Ich erinnere mich an die Freunde im Exil, an unser eigenes Bemühen um Auswanderung, wobei mir jetzt erst klar wird, dass das Wort «wandern» ja kaum passend ist. Es war die unbewusste Übertragung der Erfahrung von Millionen Deutschen, die im 19. Jahrhundert freiwillig ihr Land verlassen hatten, um ein besseres Leben in Amerika zu wagen.

Meine Familie ist vier Wochen vor dem November-Pogrom 1938 in Amerika angekommen; für mich ein beglückender Neuanfang. Ich erinnere mich an die Briefe von Freunden und Verwandten, die in Deutschland zurückgeblieben waren, an die ersten Nachrichten von Selbstmord, um der Deportation zu entgehen, an die spätere Nachricht, dass nahe Verwandte nach Theresienstadt deportiert und dann in Auschwitz umgebracht wurden. Der deutsche Viehwagen erweckt noch heute einen Schauer in mir. Aber ich erinnere mich auch, wie sehr meine Eltern an der Heimat gehangen haben, mit welcher Selbstverständlichkeit sie sich bis 1933 als Deutsche empfanden. Nach dem Krieg besuchten sie Westeuropa, aber nicht Deutschland; enttäuschte Liebe ist schwer zu überwinden. Care-Pakete haben sie an deutsche Freunde geschickt; vor kurzem bin ich auf einen Brief eines früheren Kollegen meines Vaters, Mortimer von Falkenhausen, gestoßen, der ihm im Februar 1948 schrieb: «Was ich nie werde verstehen können, ist, dass sich zahllose Deutsche widerspruchslos zu grausamen Verbrechern erniedrigen ließen, die in bestialistischer Weise mordeten und wüteten und das ganz in Ordnung fanden. Das wird am Deutschen wie ein Verbrechermal haften bleiben, und darum werden Sie verstehen, dass ich mich schäme, umso mehr als ich keine Besserung sehe.» Es kam Besserung.

Das sind persönliche Beispiele, Erinnerungen, Fragmente aus alter Zeit. Stimmen und Stimmungen sind eigentlich nur Wegweiser zum Ziel des Verstehens. Um einen Begriff Hegelscher Herkunft zu benutzen: Man muss Erinnerungen aufheben, das heißt, sie behalten und gleichzeitig aufwerten, indem man ihren Kontext, die Komplexität der Umstände klarzustellen versucht. Nur dann nähert man sich dem Verstehen. Jedes Urteil muss berücksichtigen, was die Menschen zu der gegebenen Zeit wussten, nie vergessend, dass sie ihre eigene Zukunft, die wir kennen, bestimmt nicht kannten. Sie lebten in einer anderen Welt, mit anderer Mentalität, anderer politischer Kultur.

Mein Anliegen, die Erinnerungen der Vergangenheit in ein breiteres, meist europäisches Geschichtsverständnis aufzuheben, entspricht der vergangenen Wirklichkeit wie der Notwendigkeit unserer Zukunft. Das Verlangen nach einer vergleichenden europäischen Geschichte ist alt und hat mit dem heutigen Brüssel wenig zu tun, obwohl einer der Ersten ihrer Befürworter der belgische Historiker Henri Pirenne war. Der Nestor der deutschen Geschichtsschreibung, Leopold von Ranke, hat in seinem 85. Lebensjahr angefangen, eine Universalgeschichte zu schreiben. Historiker, so wird behauptet, werden mit Alter und Erfahrung immer besser – vielleicht ein Trost für allzu stockende Entwicklung. Wir sollten früher als Ranke mit den neuen Aufgaben beginnen.

Der Nationalsozialismus lastet auf uns allen. Er vergeht nicht, und in einigen dunklen Ecken sieht man, dass der Reiz der reinen Volksgemeinschaft auch jetzt noch verlockend wirkt. Die Verbrechen sind in allgemeiner Erinnerung; die Frage «Wie war es möglich?» wird nicht verjähren, und jegliches Ausweichen in «Normalität» ist vergeblich. Der entfesselte Sadismus, mit dem das europäische Judentum vernichtet wurde, wird mit Recht als Zivilisationsbruch bezeichnet. Das geschah in der langen Nacht der organisierten Bestialität.

Ich habe oft und überall gesagt, dass jegliche Instrumentalisierung oder Trivialisierung der Vernichtung der Juden, jegliches Vergessen der Millionen anderer Opfer sich an den Opfern selbst vergeht. Man ehrt die Opfer eher mit dem Versuch, die Welt, der sie entrissen wurden und die meist mit ihnen zu Grunde ging, in historischer Forschung zu rekonstruieren und so im kollektiven Gedächtnis aufzuheben – und gerade dieser Aufgabe wird im heutigen Deutschland in bemerkenswerter Weise nachgegangen.

Unvermeidlich aber, dass Auschwitz für alle Zeiten als ein Ort deutscher Unmenschlichkeit, des unvorstellbar Bösen bleiben wird. In der für mich überzeugendsten und bewegendsten Darstellung, in Primo Levis «Ist das ein Mensch?», verfasst als Warnung, dass, was einmal passiert ist, auch in Zukunft passieren könnte, gibt es eine Erinnerung an seinen ersten Tag in Auschwitz, die mir wie ein Mahnmal für alle Zeiten erscheint. Levi schildert den grauenvollen Transport im Viehwagen mit quälendem Durst und fährt fort: «... Durstig wie ich bin, sehe ich vor dem Fenster in Reichweite einen schönen Eiszapfen hängen. Ich öffne das Fenster und mache den Eiszapfen ab, doch gleich kommt ein großer und kräftiger Kerl, der draußen herumging, und reißt ihn mir mit Gewalt aus der Hand. ‹Warum?› frage ich in meinem beschränkten Deutsch. ‹Hier gibt es kein Warum›, gibt er mir zur Antwort und treibt mich mit einem Stoß zurück.»

Dieses «Hier gibt es kein Warum» ist die Verachtung alles Menschlichen, die verbale Vernichtung. Das «Warum» ist die existenzielle Frage, die jeder Mensch an seinen Gott oder an sein Schicksal richtet. Verbietet man die Frage, verweigert man die Antwort – dann bescheinigt man dem Menschen sein Nicht-Sein, seine absolute Rechtlosigkeit. Hiob beschwört seinen Gott mit Fragen: «Warum tust du dich nicht von mir und lassest mich nicht, bis ich nur meinen Speichel schlinge? ... Warum machst du mich zum Ziel deiner Anläufe, dass ich mir selbst eine Last bin?»

Für mich ist dieses Verweigern von «Warum» der

authentische Ausdruck des Totalitarismus, es enthüllt den tiefsten Sinn des Systems: die Negation der westlichen Zivilisation. Die Menschen werden der absoluten Willkür ausgesetzt. Das «Warum» ist nicht nur existenzielle Urfrage, sondern auch die Grundlage jeglichen Rechtssystems; es erzeugt den Anfang des Denkens, den Anstoß zur Wissenschaft, zum fruchtbaren Argument. Die westliche Welt hat den Kampf gegen intolerante Orthodoxie bestanden, hat sich von der Inquisition befreit, und diese Offenheit und Freiheit, die mit dem uneingeschränkten «Warum» beginnt, hat ihr den Vorsprung im geistigen und politischen Leben ermöglicht. Gerade diesen Fels der Menschlichkeit wollte der Totalitarismus zerstören. War der Nationalsozialismus nicht auch der Gräuel einer mörderischen Orthodoxie, einer bejubelten Inquisition in technologischer Vollkommenheit? Der Bolschewismus hat sich meist mit lügenhaften Antworten auf das «Warum» begnügt.

Die Verweigerung des «Warum» hat eine noch größere, allgemeinere Bedeutung für uns. Wir haben den Totalitarismus überwunden und damit den Feind verloren, der uns sozusagen automatisch unserer Tugend versicherte. Früher konnten wir uns begnügen mit dem Gefühl: Wir sind nicht wie diese. Heute sind andere Maßstäbe gefordert: Nehmen wir die Verpflichtung des «Warum» ernst genug, als Recht der Mündigkeit, als Grundanspruch menschlicher Würde? Das In-Frage-Stellen sollte im familiären Bereich beginnen, mit der Ermutigung der Neugier von Kindern, im beruflichen Leben fortgesetzt werden und im politischen Leben einen Höhepunkt erreichen. Aber gerade hier gibt es in unseren Demokratien ein großes Defizit.

Werden heute politische Entscheidungen gründlich erörtert, wird der Bürger er- oder verzogen? Verlassen sich Politiker auf Meinungsumfragen, statt Meinungsbildung zu fördern? Hier sind auch Parlament, Presse und andere Medien gefordert. Noch vor ein paar Jahren war das englische Wort «accountability» in jedermanns Mund. Heute wird öffentliche Rechtfertigung eher vernachlässigt. Public Relations als Ersatz für Public Reasoning, für öffentliche Auseinandersetzung! Das beschreibt einen bedauerlichen Niedergang. Man kann die Bürger durch gezielte Langweile anöden. Die res publica zur Banalität zu erniedrigen oder als technisches Mysterium zu verdecken führt schließlich zur enttäuschten Ermüdung des Bürgers. Denkt man an die Herausforderungen einer sich globalisierenden Welt, dann erschrickt man ob ungenügender Aufklärung. Verdummung oder vorexerzierte Gleichgültigkeit können leicht zum Vorspiel eines neuen Autoritarismus werden.

Die Erinnerung an die Vergangenheit mag die Errungenschaften der Gegenwart klarer erscheinen lassen. Wir haben von ihr gelernt: Faschistische Diktatur gab den Anstoß zu der Erklärung universaler Menschenrechte – die allerdings für lange Zeit unbeachtet blieb. Erst jetzt und nur in einigen Regionen der Welt scheint man bereit zu sein, sie tatkräftig zu schützen. Die mühselige Integration Westeuropas – die sich hoffentlich sehr bald auf Gesamteuropa erstreckt – war Antwort auf die mörderischen Bürgerkriege, die Europa an den Rand des Abgrunds geführt hatten. Beispiel Deutschland: Die Väter des deutschen Grundgesetzes haben das Scheitern Weimars berücksichtigt. Als die Bundeswehr gegründet wurde, hat man den Bürger in Uniform als Ziel gesetzt und dem Kadavergehorsam ein Ende bereiten wollen.

Aber eine andere Grunderfahrung der früheren Jahre sollte uns nicht verloren gehen. Der große deutsche Physiker Max von Laue, der sich unter dem Nationalsozialismus vorbildlich benahm, schrieb nach dem Krieg: «Wir haben alle gewußt, daß Unrecht geschah, aber wir wollten es nicht sehen, wir betrogen uns selbst und brauchen uns nicht zu wundern, daß wir dafür zahlen müssen.» Dieses «wir wollten es nicht sehen» halte ich für die Furcht erregende Signatur unseres Jahrhunderts: Selbst in diesem Jahrzehnt haben wir den brutalen Zerfall des früheren Jugoslawien zu ignorieren versucht, uns mit Ausreden beruhigt, dass diese Menschen schon immer dem Hass und Morden verfallen sind, dass sie unheilbar anders sind als wir. Das Wegsehen ist nicht nur ein moralisches Versagen, es hat praktische, zerstörerische Folgen. In den ersten Jahren des nächsten Jahrhunderts wird eine völkerrechtliche Basis für die Intervention gegen staatliche Verletzung von Menschenrechten zu schaffen sein. Die Vergangenheit hat uns in mancher Hinsicht gelehrt, wie man es nicht machen soll; wie man es machen soll, bleibt die Aufgabe der Zukunft.

Wir können ahnen, mit welchen Herausforderungen Europa in den nächsten Jahren konfrontiert werden wird; das neue Deutschland als das mächtigste Land in Europa wird besonders gefordert sein. Die Zeit, da man die Bundesrepublik als wirtschaftlichen Riesen und politischen Zwerg beschreiben konnte, ist längst vorbei – wobei ich mir nicht so sicher bin, ob nicht dieser politische Zwerg ein sorgsam verkleideter, erfolgreicher Jongleur war. Vor zehn Jahren habe ich von Deutschlands zweiter Chance gesprochen: Am Ende wie am Anfang des Jahrhunderts hat Deutschland die führende Stelle in Europa – am Anfang in einem weltbeherrschenden Europa, am Ende in einem durch deutsche Kriege relativ geschwächten Europa, aber innerlich befreit von den Bürgerkriegen, die seine moderne Geschichte gekennzeichnet haben. Ein Krieg zwischen europäischen Großmächten ist heute undenkbar – zum ersten Mal in der Geschichte. Das Vertrauen auf Frieden hat vieles in der europäischen Mentalität verändert. Alte Tugenden, wie zum Beispiel Opferbereitschaft – oft missbraucht in sinnlosem Militarismus –, sind verblasst. Gefordert ist Gemeinschaftssinn oder was die Franzosen *civisme* nennen, wie auch Zivilcourage, jenes Fremdwort im doppelten Sinne im deutschen Bereich. Ob und wie die zweite Chance genutzt werden wird, bleibt offen; ich will mich mit einer kurzen Wunschliste begnügen, mit Anliegen und Hoffnungen, die der Wahrnehmung der zweiten Chance dienen könnten.

Noch einmal und an erster Stelle: Die innere Wiedervereinigung, das ist die Vorbedingung für politische Stabilität in der neuen Republik. Von außen sieht es manchmal so aus, als ob die Versöhnung mit anderen Nationen besser gelungen wäre als mit den Teilen der eigenen, ehemals gespaltenen Nation. Der Außenstehende fürchtet eine anhaltende, möglicherweise zunehmende Entfremdung zwischen Bürgern der alten und neuen Bundesländer – trotz eindrucksvollem wirtschaftlichen Fortschritt, der aber die Unterschiede im Wohlstand noch nicht wesentlich verringert hat. Genügt die Versicherung, dass die psychologische Wiedervereinigung «nur» eine Generationsfrage ist? Könnte historische Reflexion hier nicht nützlich sein? Erinnern sich die Bürger der alten Bundesrepublik an ihren eigenen schwierigen Anfang, der aber recht bald mit amerikanischer Hilfe überwunden wurde – während die Bürger der DDR in vieler Hinsicht die Last des verlorenen Krieges tragen mussten? Sie hatten es unverdient schwer. Das Vergangenheitsverständnis in Ost und West war grundverschieden – und auch das vertieft die Entzweiung. Haben die Westdeutschen zu wenig Verständnis für das Selbstbewusstsein von Menschen, von denen man angenommen hat, sie seien Brüder und Schwestern der gleichen Nation und mussten einem in vielem gleichen?

Man mag an Familienuneinigkeit erinnert sein, und ein literarischer Vergleich kommt mir in den Sinn. In Thomas Manns «Buddenbrooks» werden die Brüder Thomas und Christian als tief verschieden geschildert: Aus Abscheu und aus Angst vor Ansteckung verschanzen sie sich immer mehr in ihrer Eigenart. Schließlich ruft Thomas dem Bruder zu: «Ich bin geworden wie ich bin, weil ich nicht werden wollte wie du. Wenn ich dich innerlich gemieden habe, so geschah es, weil ich mich vor dir hüten muß, weil dein Sein und Wesen eine Gefahr für mich ist... ich spreche die Wahrheit.»

Die Entfremdung wächst. Natürlich hat Wolfgang Thierse mit Recht gesagt, dass viele Ostdeutsche ein richtiges Leben im falschen System geführt haben. Sie pflegten in der Tat andere Tugenden, sie waren vielleicht deutscher als die drüben, die sich so schnell und mit so viel Hingabe amerikanisiert haben. Aber das darf nicht dazu führen, dass sie in Abscheu vor einem oberflächlich verstandenen westlichen Stil ihre Eigenart verklären: das einfache, wenn auch unfreie Leben, im Gegensatz zum freien und hektischen Leben des westlichen Kapitalismus – und schon gar nicht dazu, dass sie den Wert demokratischer Freiheit erneut vergessen. Auch hatte Jens Reich Recht, wenn er in seinem Buch «Abschied von Lebenslügen» – wenn wir uns nur verabschieden könnten – schrieb: «Wir müssen die Heulnischen verlassen. Aus der zynischen Hängematte aussteigen.»

Es ist oft gesagt worden, dass man von den Erfahrungen der DDR hätte lernen können, die Wiedervereinigung auch Neubesinnung in den alten Ländern hätte erwecken können. Auch gibt es hervorragende, ja beneidenswerte Beispiele politischer Führung in den neuen Bundesländern; die Außenwelt hofft, dass sie Verständnis finden und Beistand bekommen in ihrem Kampf gegen Kriminalität, gegen antidemokratische Strömungen ganz gleich welcher Couleur. Ich weiß, dass es politische Kriminalität mit braunen Vorzeichen auch in Amerika gibt, dass die nationalsozialistische Rassenpropaganda jetzt aus Amerika nach Deutschland exportiert wird. Das Wort «Skinhead» beweist, dass es sich um ein allgemeines Phänomen handelt, eine Kehrseite der offenen Gesellschaft.

Auch würde ich mir wünschen, dass das neue Deutschland trotz Schwierigkeiten und Enttäuschungen einen größeren Schuss von freudiger Dankbarkeit spüren würde, nicht nur für das Erreichte, das heißt für die erstmalige Festigung einer politischen Kultur in Freiheit, beschützt durch ein Grundgesetz, das allgemeine Akzeptanz gefunden hat. Auch Dankbarkeit für die Wiedervereinigung unter günstigsten Bedingungen. Nein, auch dankbare Anerkennung für diejenigen, die in der Zeit des Naziterrors ihren Anstand bewahrt, und für diejenigen, die im verzweifelten heroischen Widerstand ihr Leben geopfert haben – um der Nation ein moralisches Vermächtnis zu hinterlassen. Auch und besonders Anerkennung für die Hunderttausende von Bürgern in der ehemaligen DDR, die auf die Straßen gingen, um ihre Freiheit zu fordern – ohne zu wissen, ob ein harter Honecker-Kurs die Tragödie vom Tiananmen-Platz wiederholen würde.

Das Privileg, Bürger zu sein, ist recht jung. Vor genau 100 Jahren hat Theodor Mommsen, der erste und außer Winston Churchill der einzige Historiker, der den Nobelpreis für Literatur erhielt, in seinem Testament festgehalten: «Politische Stellung und politischen Einfluß habe ich nie gehabt und nie erstrebt; aber in meinem innersten Wesen, und ich meine, mit dem Besten, was in mir ist, bin ich stets ein *animal politicum* gewesen und wünschte ein Bürger zu sein. Das ist nicht möglich in unserer Nation, bei der der Einzelne, auch der Beste, über den Dienst im Gliede und den politischen Fetischismus nicht hinauskommt. Diese innere Entzweiung mit dem Volke, dem ich angehöre, hat mich durchaus bestimmt, mit meiner Persönlichkeit, soweit mir dies irgend möglich war, nicht vor das deutsche Publikum zu treten, vor dem mir die Achtung fehlt.» Mit welchen Opfern mussten im Laufe des Jahrhunderts die Rechte des Bürgers erkämpft – jetzt müssen sie geübt werden.

Ich würde mir für dieses Land eine gerechtere, liberale Streitkultur wünschen: offene Debatten um die heikelsten Probleme von Gegenwart und Vergangenheit, Diskussionen ohne Adhominem-Verdächtigungen, ohne verletzende, vage Andeutungen, wie es zum Beispiel im so genannten Historikerstreit passierte. Verschweigen ist gefährlich: Ressentiments nisten in der Gesellschaft, bleiben sie unausgesprochen, dringen sie noch tiefer. Es gibt viele Talkshows, in meinem Land zumindest erschöpfen sie sich meist in Oberflächlichkeit, Probleme werden zerredet.

Ein berühmter deutscher Philosoph soll sich beklagt haben, dass seine Lebensgefährtin so viel redet, dass er nicht zum Denken kommt. Worüber redet sie denn, wurde er gefragt. Das sagt sie nicht, war die Antwort. Das kann auch jedem Sonntagsredner passieren. Die politische Klasse hat viel an Glaubwürdigkeit verloren: Sie reden zu viel und sagen zu wenig. Sie vergessen, dass Bürger mündig und ansprechbar sind. Die Völker Osteuropas haben sich gegen ideologische Täuschung gewehrt, das Recht, «in der Wahrheit zu leben», erkämpft. Es gab schon einmal ein Europa der Demokratien – unmittelbar nach dem Ersten Weltkrieg; sie zerbrachen sehr schnell. Die Lage heute ist viel günstiger, aber Vertrauen auf Immunität vor Gefahren wäre trügerisch. Die Utopien von gestern – Bolschewismus und Faschismus – waren Drogen des politischen Betäubens; die Privatisierung der Drogen ist kein Gewinn.

Die liberale Demokratie ist stets gefährdet. Selbst im Wohlstand taumeln wir von einer Finanzkrise in die andere, und niemand kann garantieren, dass der globalisierte freie Markt nicht eines Tages in eine Krise stürzt, die neues Elend verbreitet und zu falschen Heilmitteln wie Illiberalismus und Protektionismus führen könnte. Jegliche Form von Verunsicherung begünstigt Extremismus und Kriminalität; solche Zustände verleiten Menschen zum Glauben an die Notwendigkeit autoritärer Führung.

Ralf Dahrendorf hat mit Recht bemerkt, dass es «unsere Aufgabe ist, Wettbewerbsfähigkeit, sozialen Zusammenhalt und politische Freiheit in Einklang zu bringen», eine Aufgabe, wie er schrieb, die der Quadratur des Kreises gleichkäme. Wenn Wettbewerbsnotwendigkeit sozialen Zusammenhalt weiter schwächt, dann ist auch die Freiheit in Gefahr. Das Ende des Jahrhunderts, das von Deutschland und Amerika unterschiedlich geprägt wurde, hat die Lage dieser Nation noch einmal dramatisch verändert. Die Selbstverständlichkeit deutscher Bereitschaft, einen vollgültigen Platz im Kosovo-Krieg einzunehmen, bedeutet Anerkennung neuer Verantwortungen innerhalb und außerhalb Deutschlands. Die Bundeswehr im Balkan zusammen mit den Einheiten ehemaliger Feinde besiegelt eine neue Ordnung. Deutsche Initiativen bei der Vermittlung von Frieden und deutsche Bemühungen um einen Stabilitätspakt im Südosten Europas sind weitere Beweise für den neuen Stand. Bei der Neugestaltung Europas, bei dem Ausbau europäischer Integration wird Deutschland eine immer größere Verantwortung tragen. Die neue Republik soll weiter der Hauptvertreter der Interessen der mitteleuropäischen Länder und ganz besonders der Interessen Polens, Ungarns und der Tschechischen Republik bleiben: Die Vision Europa war für diese Nationen wegweisend, und trotz Schreckenserinnerungen haben sie sich für die Wiedervereinigung Deutschlands eingesetzt. Jetzt gilt es, ihnen die völlige Zugehörigkeit zu Europa so schnell wie möglich zu vermitteln. In Europa mag Führungsnot bestehen, weil Führungswille fehlt; die Rolle des Primus inter Pares wird an die neue Republik fallen – eine neue Verantwortung für deutsche Diplomatie.

Auch die Gestaltung deutsch-amerikanischer Beziehungen wird schwieriger werden. Es wäre leicht, sich in Pietät zu erschöpfen: auf alte Freundschaft und treue Dankbarkeit zu pochen und zu vergessen, dass es auch hier Zeiten des gegenseitigen Misstrauens und des Konfliktes gab. Am Anfang der Bonner Republik war Amerika Beschützer und Vorbild. Die jetzige Republik ist sehr viel weniger auf Amerika als Schutzmacht angewiesen, und das Vorbild ist verblasst. Es mag kurzfristig verlockend sein, in die alten anti-amerikanischen Klischees zu verfallen und das Schrumpfen der eigenen Identitätsgefühle der amerikanisch getriebenen Globalisierung vorzuwerfen. Aber Feindbilder sind nur bequeme Trotzigkeit. Die transatlantischen Beziehungen, nie ungetrübt, werden turbulenter werden; vielleicht wird Berlin die Rolle übernehmen müssen, die Bismarck einst für sich beanspruchte: den ehrlichen Makler zu spielen – wobei manche zweifelten, ob es so etwas überhaupt gibt.

Zwei Schlussbemerkungen. Ein besonderes Anliegen an die jüngere Generation: Wir Alten haben viel erlebt und einiges erreicht, aber wir hinterlassen weder eine heile noch eine helle Welt. Wir hatten ein Privileg, das wir gerne vererben würden: Wir hatten ein mehr oder weniger ungebrochenes Verhältnis zu den großen Denkern der Vergangenheit; das mag hochtrabend klingen, es soll nur ins Bewusstsein rufen, dass so viel menschliche Weisheit in den Gedanken der letzten Millennia steckt; ich wünsche der jüngeren Generation den Genuss dessen, was man, trotz allem, das europäische Kulturgut nennen darf. Flüchtet euch von Zeit zu Zeit auf die berühmte einsame Insel mit einem gut ausgewählten Buch: Es nährt Kopf und Seele wie sonst kaum etwas.

Sicher gibt es Momente im Leben, in denen das Gebot des «Warum» seine Relevanz verliert. In Momenten physischer Gefahr mag Gehorsam rettende Notwendigkeit darstellen. In der Liebe gibt es oft kein «Warum». Auch nicht bei einem Geschenk, wie es mir heute überreicht worden ist. Aber mein unerhofftes Glück, in der Paulskirche erscheinen zu dürfen, verlangt Nachdenken: Wie kam es eigentlich zu meiner immer stärkeren Verwicklung ins deutsche Nachkriegsleben? Rückblickend ist mir klar, dass die Kindheit es vorbestimmt hat: Der Nationalsozialismus war das gefühlsbestimmende Lehrstück meiner politischen Erziehung. Ich schulde dieser Kindheit und der durch frühe Erlebnisse verkürzten Jugend einen wichtigen Teil des späteren Lebens. Durch den Nationalsozialismus entbrannte meine Liebe zur Freiheit als einem menschlichen Gut, als Vorbedingung aller anderen Güter. Heine hatte Recht: «Freiheitsliebe ist eine Kerkerblume»; ich wünschte trotzdem, sie könnte überall blühen.

Ich konnte mich von dem Drama der deutschen Geschichte nicht lossagen, es hat meine Arbeit mitbestimmt. Es war kein leichter Prozess, mein neues Engagement mit deutschen Dingen. Ich musste selbst eine Art «Denazifizierung» durchmachen, das heißt, die Überzeugung gewinnen, dass deutsche Geschichte nicht aus der Perspektive von 1945 allein beurteilt werden kann. Aber die Erinnerung an Menschen aus meiner Kindheit, die sich schon damals für ein freiheitliches Deutschland eingesetzt hatten, kam zu Hilfe. Der Aufbau des Nachkriegsdeutschlands kam nicht ex nihilo; mit Recht hat man sich auf alte, wenn auch schwache Traditionen berufen. Ich habe mich in den letzten Jahrzehnten immer mehr mit deutschen Dingen beschäftigt, aber auch Distanz gehalten – um Gefahren klarer zu sehen und gelegentlich vor ihnen zu warnen.

Deutsche Freunde haben mir diese Art geistigen Miterlebens ermöglicht, und so konnte ich den enttäuschten Träumen meiner Eltern treu bleiben. Und wenn ich hier nur einen Namen nennen darf, dann wäre es der von Marion Gräfin Dönhoff, deren Geschenk der Freundschaft für mich befreiend und lebensbestimmend ist; sie hat uns gezeigt, wie man persönlichen Verlust in einen unschätzbaren Gewinn für andere verwandeln kann, sie vermittelt Versöhnung mit preußischer Schlichtheit. Ich bin hiesigen und europäischen Freunden tief verpflichtet. Für mich bleibt das deutsch-amerikanische Verständnis ein Gebot der Geschichte, der Politik und des eigenen Lebens. Ich bin Bürger eines Landes, aber meine Liebe gehört zwei Sprachen, gleich gefährdet, einer alten Kultur, gleich vernachlässigt. Mein Dank gehört dem Land, in dem meine Kinder und Enkelkinder in Freiheit aufwachsen konnten, und dass ich diesen Dank klar empfinde, dass ich Freundschaft als lebenswichtiges Geschenk erlebe, das verdanke ich dem Land, das mich einst verstoßen hat und mit dem ich neu verbunden bin. Ich danke Ihnen.

Der 20. Juli

(2010)

Nur eins würde dem Sinn dieser Stunde entsprechen: schweigen in Ehrfurcht. Aber das würde den Menschen, an die wir heute denken, nicht gerecht. In Demut und Dankbarkeit stehen wir hier, wo der Mord an den Patrioten seinen grausamen Anfang nahm. In Demut, da uns die Pein der Prüfung erspart geblieben ist – wir wissen nicht, wie wir uns verhalten hätten. Aber auch in Dankbarkeit, da die Menschen des 20. Juli ein Vorbild des Anstands hinterlassen haben, weil die Erinnerung an sie und den gescheiterten Aufstand eine Mahnung an die Bürger unserer Welt darstellt.

Die Menschen des 20. Juli sind ein Teil deutscher und europäischer Geschichte und in der deutschen Geschichte einmalig: Nie zuvor gab es in Deutschland einen solchen Aufstand für Befreiung, für Recht und menschliche Würde, von Menschen aus verschiedenen Schichten getragen – Adel und Gewerkschaftler, Militär und Beamte, Christen und Freidenker, aus allen Teilen des Landes. Gemeinsam im Kampf gegen ein Übel, den eigenen Unrechtsstaat, der das Land moralisch und schließlich existentiell in eine Katastrophe trieb, und doch auch mit sehr verschiedenen Zukunftsvorstellungen.

Ihnen gilt unsere Bewunderung, die ihnen in früheren

Zeiten von Deutschen und Fremden eher verschwiegen wurde. Ihr Beispiel der nur dem eigenen Gewissen folgenden Unbeugsamkeit passte weder den Deutschen, die im Dritten Reich der Begeisterung oder der Passivität verfallen waren, noch den Feinden, die überzeugt waren, dass alle Deutschen Nazis waren. Heute sollten wir uns um ein lebendiges historisches Verständnis bemühen. Das Menschliche, das immer individuell ist, mit historischem Wissen zu verbinden, ist stets eine Herausforderung, und ganz besonders vielleicht, wenn es Menschen betrifft, die man als Menschen bewundert, deren Denken und Verhalten uns aber gelegentlich fremd vorkommen. Wir müssen uns bewusst sein, dass diese großartigen Menschen in einer uns fernen Welt lebten, unter den schwierigsten Bedingungen; wir sollten versuchen, sie in ihrer ganzen Größe und Tragik zu verstehen. Dieser Ort hier des Leidens sollte Verständnis mit Einfühlung verbinden.

Aber vorerst das rein Menschliche, das Unmittelbare, die Ehrfurcht vor diesen Menschen: die Trauer, die uns an diesem Ort berührt. Ich habe die Erschütterung des plötzlichen Wiederauftauchens von vergangenem Schrecken hier im Bendlerblock am 20. Juli 1954 selbst erlebt – bei der ersten offiziellen Gedenkstunde für die Menschen des Aufstands. Hauptredner war ein Freund meiner Eltern, Hermann Lüdemann, der als Sozialdemokrat sehr früh 1933 verschleppt und gepeinigt wurde. Bundeskanzler Adenauer war anwesend – aber es war die Sicht der Witwen in Schmerz und Trauer, die Sicht der vaterlosen Kinder, das Wahrnehmen ihrer Tränen, die ich sah oder ahnte – das hat mich zutiefst betroffen. Etwas änderte sich in mir, Gefühle vorerst, Gedanken später, die ich aber am nächsten Tage in einem Brief festhielt. Die Opfer waren lebensnah, die Tragik spürbar. Eine innere Scham überkam mich, die Scham über meine hasserfüllte Abscheu vor allem Deutschen, das in mir seit meiner Kindheit nistete. In jenem Brief schrieb ich, dass ich ein Gefühl der Befreiung spürte, ein Bröckeln des unreflektierten Hasses des Kindes, des Ausgeschlossenen, dessen Eltern aus ihrer Heimat vertrieben wurden. Die Trauer der Hinterbliebenen hat mich aufgewühlt und im Rückblick bin ich mir bewusst, dass ich für diesen Schock eigentlich vorbereitet war. Als Kind im Nationalsozialismus aufgewachsen, spürte ich die Gefahren und die Hilflosigkeit der damaligen Zeit, ich kannte einige der frühen Opfer des Regimes und wusste auch, dass es gute Menschen gab – und träumte von Freiheitskämpfern und Freiheit. So hatte mein Leben mich auf den Schock der Begegnung vorbereitet: Ich wollte ja an ein anderes Deutschland glauben. Auch heute noch fällt es mir schwer, das innere Aufrütteln jenes Tages zu erklären: Es ging um Trauer und Bewunderung, aber auch, und in demselben Brief, um Bedenken: der Versuch der Befreiung kam spät und die Ideale der Befreier entsprachen nicht unseren Idealen.

Jene Stunde im Bendlerblock am 20. Juli 1954 hat mein Leben begleitet, hat mir den Weg zu neuen Beziehungen zur deutschen Gegenwart ermöglicht, vertieft durch spätere Freundschaften, die gemeinsames Gedenken des 20. Juli einschlossen. Ich denke an Ralf Dahrendorf und Marion Gräfin Dönhoff. Und dieses Erlebnis mag auch

Ermutigung gewesen sein, sich immer wieder mit der widersprüchlichen Geschichte dieses Landes zu befassen. Die Erinnerungen an den 20. Juli sind selbst voller Widersprüche und oft voller verdeckter Selbstinteressen: Ich habe versucht, mir selbst meine eigene Erfahrung durch die Wahrnehmung der Forschung so vieler Historiker verständlich zu machen. Mythische Heroisierung oder Verleumdung sind verderblich.

Damals, 1954, ergriff mich die Trauer der Hinterbliebenen, heute möchte ich mich an die Familienmitglieder wenden. Meine Damen und Herren: Sie tragen ein schweres aber auch großes Erbe, Sie wissen besser als die allermeisten von uns, was Ihre Eltern und Großeltern erlebt und erlitten haben, und Sie wissen um den schweren Weg, dem die Überlebenden ausgesetzt waren.

Auch wissen Sie, was die Frauen im Widerstand geleistet haben: ohne deren Verständnis, ohne deren Liebe und Hilfe wäre der Widerstand unvorstellbar gewesen. Dieser unerschütterliche, als selbstverständlich empfundene Zusammenhalt entsprach dem Geist des Widerstands. Allein das Wissen um das unbeschreibliche Leid des Mannes, die verzweifelten Versuche, den Verurteilten doch noch das Leben zu retten, die Sorge um die Kinder zur Zeit der Sippenhaft: alles Beweise unfassbarer Tapferkeit.

Ein tiefer Glaube an Gott und sein Walten gab vielen Widerständlern Rückhalt und Rechtfertigung. Alle hatten ein durchdringendes Verantwortungsgefühl – ein Pflichtgefühl aus Tradition, im Dienste der Humanität, überzeugt von den Geboten der Menschlichkeit.

Sie wissen: Der Aufstand war nicht umsonst. Die Erinnerung an ihn hat einige Vordenker der Bundesrepublik bewegt. Das Grundgesetz ist entferntes Echo: «Die Würde des Menschen ist unantastbar.» Die Erinnerung hat das Selbstbewusstsein der neu entstandenen Bundeswehr bestimmt: der Gedanke des Staatsbürgers in Uniform ist Leitfigur der Bundeswehr; die Mahnung, dass selbst der Soldat seinem Gewissen folgen muss – bis hin zum Ungehorsam – ist Erbe des Widerstands, wie dies auch der frühere Generalinspekteur Klaus Naumann, der unter uns weilt, öfters betonte: «In unserem Verständnis von Rechtsstaatlichkeit und Ethik stehen dem Gehorsamsanspruch des Dienstherrn das Recht und die Pflicht zur Gehorsamsverweigerung gegenüber, wo eben diese Rechtsstaatlichkeit und Sittlichkeit mit dem militärischen Auftrag nicht mehr in Einklang stehen, der Soldat damit außerhalb der freiheitlich-demokratischen Rechtsordnung gestellt würde.» Dieses Gelöbnis glich in sich selbst einer moralischen Revolution, Abschied vom Kadavergehorsam, Echo von Schillers Beschwörung, dass Tyrannenmacht eine Grenze haben muss. Eine grundlegende Errungenschaft der deutschen Geschichte – von anerkannter Bedeutung auch für Soldaten anderer Nationen.

Wir gedenken hier der Menschen, die am letzten, größten Moment des deutschen Widerstands teilgenommen haben. Stellvertretend, ungenügend, nur einige Namen: Wir denken an General Beck, an die Brüder Stauffenberg, an Hans von Dohnanyi und die Familie Bonhoeffer, an Helmuth Graf von Moltke und seine Mitstreiter, an Fritz von der Schulenburg. Auch an Sozialdemokraten, an

Wilhelm Leuschner, Julius Leber, Gustav Dahrendorf, die trotz schon erfahrener Folter sich erneut dem Widerstand stellten, an Harald Poelchau, den Gefängnispastor. Aber wir sollten uns auch an die frühen Widerständler erinnern, an die Gegner der Nazis in Weimar und die nach der Machtübertragung an Hitler 1933 verfolgten Gegner, die im Untergrund den Kampf weiterführten, wo auch Willy Brandt sein Leben riskierte; an Einzelne wie Georg Elser, und an kleine Gruppen wie die Geschwister Scholl oder Arvid Harnacks Rote Kapelle – bis zuletzt in die höchsten Kreise des Militärs und der Bürokratie. Auch sollten wir der Menschen gedenken, die in jener Zeit ganz einfach Anstand bewiesen haben, in aller Stille, die den Hilflosen einen menschlichen Dienst erwiesen haben. Was waren das für Menschen, die ihr Leben riskierten, um anderen zu helfen, oder um ihr Land zu retten, um das Prinzip des Rechts neu zu festigen.

Es war schwer für die Menschen des späteren Widerstands, ihre Welt zu verstehen, erschwert wohl auch durch ihre Vorstellungen der deutschen Vergangenheit. Sie lebten im Schatten dramatisch-traumatischer Geschichte. Ganz knapp nur einige Andeutungen: Von 1914 bis 1933 taumelte Deutschland von einem tief aufwühlenden Umsturz zum anderen: Rausch und Siege von 1914 endeten mit einer anscheinend plötzlichen Niederlage, mit einer neuen, für viele fremden Staatsform, befrachtet von alten Schulden, die sich in einer Welt von Feinden behaupten musste, Inflation und Wirtschaftskrise – und Kampf im Innern. Das Land war gespalten, auch die Deutung der vielen Traumata war Kampfgebiet. Viele der späteren

Verschwörer waren Gefangene unbewusster Ressentiments. Man gab sich Täuschungen hin, man verdrängte die eigene Schuld und war sich zumindest bewusst der weitverbreitetsten aller Lügen der damaligen Zeit: der Dolchstoßlegende. Viele klammerten sich an den Gedanken des inneren Verrats, wie so oft in der Geschichte und überall: eine schuldbeladene, verzerrte Vergangenheit vergiftete die Gegenwart und lähmte die Kraft zur Gesundung. Die Weimarer Republik hatte weder Glanz noch Glück – und wurde von den deutschen Eliten verachtet. Dass hinter Ressentiments und Gegnerschaft materielle Interessen standen, wurde verschwiegen – oder übertrieben. Ein Land ohne Vertrauen, ein Land, wo die Eliten versagten – nur wenn man all das berücksichtigt, kann man die Auflösung Weimars zu verstehen versuchen. Nur in einem solchen Land – mit seinen eigenen alten idealistisch verbrämten Traditionen – konnte es zum Aufstieg eines Hitler kommen – wobei dieser Aufstieg des angeblichen Erlösers weder unvermeidlich noch zufällig war.

Was hat der Nationalsozialismus alles versprochen und anscheinend verkörpert: straffe Führung, innere Säuberung, Ende der Wirtschaftskrise, Befreiung von Versailles und Wiederherstellung deutscher Großmacht, Kampf eines geeinten Volkstums gegen Bolschewismus und jüdische Zersetzungsmacht, verbrämt mit pseudoreligiöser Heiligkeit. Angesichts solcher Versprechen und der unüberbietbaren Inszenierung neuer Macht kann man verstehen, dass einige der Hauptfiguren des späteren Widerstands, wie General Beck und Fritz von der Schulenburg, die Bewegung als Rettung betrachteten und ihr begeistert Vorschuss-Vertrauen schenkten. Umso eher, da vom ersten Moment der konservativen Machtübergabe an Hitler der Schein der Legalität erhalten wurde – so dass der Nimbus des Staates weiter existierte und damit auch die alte Staatstreue und der Obrigkeitsglaube Bestand hatten. Der Schein der Legalität verdeckte die Wirklichkeit des um sich greifenden Unrechts.

Dass diese Erhebung Erniedrigung für viele bedeutete, wurde kaum wahrgenommen. Dass bereits im Februar 1933 Tausende von Menschen der Grausamkeit der SA ausgeliefert wurden, dass Menschen in Konzentrationslagern gepeinigt wurden, der Rechtsstaat der Willkür geopfert wurde, wollte man nicht sehen oder es wurde verklärt als Preis für die großen Errungenschaften: War nicht die Arbeitslosigkeit im Sinken? Die Wirtschaft und das Land überhaupt im Aufstieg? Auch die Ausschaltung von Juden aus Amt und Würden – wie auch von sogenannten Ariern, die politisch als unzuverlässig galten – auch das wurde mehr oder weniger stillschweigend hingenommen – oder sogar begrüßt. Die Gleichschaltung von oben wurde erleichtert durch die Selbstzensur von unten: Die Geschwindigkeit der Unterwerfung verblüffte die Nazis selbst.

Es gab auch Gegner der ersten Stunde wie Ewald von Kleist-Schmenzin, es gab das Urteil in Thomas Manns Tagebuch vom April 1933: «Wie seltsam, dass man in Deutschland gegen die wahrhaft schweinischen Mittel, mit denen die ‹Volksbewegung› gesiegt hat, offenbar nicht die Empörung, den Ekel aufbringt, den ich empfinde!»

Selbst die Reichswehr, stolz auf alte Tugenden und Traditionen, erlebte Machtgewinn verbunden mit moralischem Verlust. Im Blutbad des 30. Juni 1934 wurde zwar die SA enthauptet, aber gleichzeitig wurden zwei deutsche Generäle ermordet, Opfer der aufsteigenden SS. Sechs Wochen später leistete die Armee den Eid auf den Führer, jenen fatalen Eid auf einen Mörder. Manche Militärs, und so auch Ludwig Beck, zweifelten zwar und einige fürchteten, dass das moralische Rückgrat der Armee bereits tief verletzt war. Mit Recht wird der 20. Juli oft als Aufstand des Gewissens verstanden; es war eben kein politischer Aufstand und schon gar nicht ein Intrigen- oder Karrierespiel. Das Gewissen ist eine moralische Instanz, fern von politischer Gebundenheit, fest im Prinzip, doch auch schwankend im Urteil. Es erlaubt Lässigkeit, es ist beschwichtbar, zuerst kommen «Gewissensbisse» – bis es schließlich zu einer dem Religiösen ähnlichen Überzeugung kommt. Die Verschwörer kamen zu ihrer endgültigen Entscheidung zu verschiedenen Zeiten, aus verschiedenen Motiven, abhängig auch von Zeitläufen. Man erinnere sich an die taumelnde Geschwindigkeit, mit der Ereignisse immer neue Verhältnisse schafften. Die Triumphe des Regimes waren bestechend und lähmend zugleich.

Und doch gab es leuchtende Ausnahmen von Anfang an. Es gab Menschen gerade in der Justiz und der Armee, die die Perversion des Rechts, die Unterdrückung aller menschlichen Normen, die Vergötterung des Führers als frevelhafte Verbrechen betrachteten. Wir wissen um Männer wie Moltke und Dohnanyi, die schon sehr früh, getarnt als Diener des Staates, ihre Opposition zum Regime in die Tat umsetzten, um Menschen zu helfen, um Schlimmeres zu verhüten. Allein dieser Wille, gegen den eigenen Staat im Geheimen zu agieren, verlangte ein Sich-Selbst-Überwinden, einen Sprung über den eigenen Schatten, war etwas Quälendes – und Großartiges. Viele der späteren Verschwörer waren entsetzt ob der Rechtlosigkeit des Regimes, auch abgestoßen von dem vulgären, plebejischen Stil der Machthaber. Aber es blieb vorerst beim privaten Flüstern, beim Unbehagen.

Man muss sich das Leben in der Diktatur vorstellen: Ich denke an die späteren Verschwörer: was musste alles verschwiegen oder auch verleugnet werden, wie zerreißend dieses Doppelleben gerade für Menschen, für die Offenheit zum Charakter gehörte. Welches Geschick brauchte man, um sich zu verständigen: es gab kein Briefgeheimnis mehr, jedes Telefongespräch konnte abgehört werden, Hausdurchsuchungen waren an der Tagesordnung – Denunziantentum und Bespitzelung griffen wild um sich. Der entsetzliche Zweifel: wem kann man trauen, wem nicht, ein deprimierender Vertrauensverlust. Und mit unbedachtem Sprechen oder unbedachten Taten gefährdete man ja nicht nur sich selbst, sondern auch die eigene Familie, vielleicht den Freundeskreis. Wenn man sich dieser Gefahren bewusst ist, wenn man nochmals an die Einschüchterung durch Terror denkt, dann kann man aber, bedauernd zwar, verstehen, dass so viele Gräuel, so viel Unrecht hingenommen wurden. Es bleibt dennoch schmerzhaft, dass so viele Menschen so viel Unrecht schweigend akzeptiert haben. Die Mehrheit der Deutschen hat die eigene Entmachtung nicht gespürt, dankbar für geordneten Wohlstand. Auch die Verfolgung der Juden fand Zustimmung: das Regime konnte sich auf alle Vorurteile im Volke verlassen. Für die Andersdenkenden war der Weg vom Unbehagen zur Opposition und schließlich zum Widerstand ein langwieriger Alleingang, mit Zweifeln belegt.

Der Auftakt zum entschlossenen Widerstand entstand im Sommer 1938 im Angesicht der Kriegsgefahr. Generalstabschef Beck betrachtete Hitlers Entscheidung für einen Krieg gegen die Tschechoslowakei als ein verhängnisvolles Abenteuer, er verwarf einen nicht zu gewinnenden Krieg als Hasardeurspiel, aber noch mehr, er war überzeugt, dass «die Wiederherstellung geordneter Rechtszustände» ein absoluter Imperativ blieb. Er hoffte, dass die Armee Hitler entmachten könnte, aber die Generalität verweigerte diese Verantwortung; er trat zurück und von da an wurde er zur Schlüsselfigur des Widerstands. Er genoss Vertrauen – die wichtigste Vorbedingung für sein Tun. Seine Integrität und Strenge waren Vorbild eines echten Konservatismus, der sich nicht nur in Deutschland und nicht nur damals im Niedergang befand.

Von da an und immer mehr unter dem Druck des Krieges entstanden Verbindungen zwischen entschlossenen Gegnern des Regimes. Ihre Abscheu war klar und wuchs mit den Verbrechen, die im Osten geschahen. Die meisten von ihnen wussten von dem Massenmord an den Juden, von dem Wüten in Russland. Ich erinnere mich an Gespräche mit Axel von dem Bussche, der mit dem Morden im Osten konfrontiert gewesen war.

Die Nachwelt hat sich mit den Zukunftsplänen des Widerstands viel beschäftigt. Ich kann hier nur zwei Aspekte erwähnen: nach Stalingrad hofften die Verschwörer auf ein baldiges Ende des Schreckens, eine militärische Niederlage hinnehmend, hofften auf ein Deutschland in einem neu organisierten, friedfertigen Europa. Sie setzten auf eine Neuordnung der deutschen Gesellschaft, viele glaubten an eine Entwicklung aus kleinen Gemeinden, fern der verhassten Großstädte, mit sehr begrenzter Mitbestimmung des Volkes, aber bemüht um Beschränkungen des Kapitalismus, um soziale Gerechtigkeit. Hans Mommsen hat auf die Verbindung zu den Ideen der sogenannten «Konservativen Revolution» verwiesen, eine mit Kulturpessimismus durchtränkte konservative Utopie, aber ziemlich wirklichkeitsfremd.

Die meisten waren keine Demokraten, Demokratie war ein Fremdwort, es gab keine demokratische Staatslehre, nur die falsch verstandene Erfahrung, Weimar habe zu Hitler geführt. Von ihnen die Wiederherstellung von Weimar zu erwarten, beweist Ignoranz. Ihre Betonung von Recht und Justiz als elementar wichtige Bedingungen, vielleicht als Vorstufe zur Demokratie, mag uns heute eher überzeugen.

Ich glaube, die Männer und Frauen des 20. Juli waren in ihrem Tiefsten unpolitische Menschen, die in moralischen Kategorien dachten und urteilten. In Frankreich bezeichnete man solche Menschen als *moralistes* – eine ehrenwerte Gattung. Viele von den Verschwörern wussten, es ging um altpreußische Tugenden, die auch außerhalb Preußens ihre Repräsentanten hatten. Die Menschen des Widerstands waren entsetzt von der Brutalisierung der Menschen, sie hofften auf eine Kehrtwendung. Die vorgesehene Ansprache des Reichsverwesers Ludwig Beck nach dem Tod Hitlers war letzter, bester Ausdruck ihrer Grundprinzipien: «Wir wollen Gottesfurcht an Stelle von Selbstvergottung, Recht und Freiheit an Stelle von Gewalt und Terror, Wahrheit und Sauberkeit an Stelle von Lügen und Eigennutz.»

Ich glaube, Moltke sprach für viele, als er 1942 schrieb: «Die ständige Gefahr, in der wir leben, ist furchtbar... Dadurch sind alle Bande der Natur und des Umgangs zerrissen, das Tier im Menschen ist frei geworden und herrscht.» Ich glaube Hans-Bernd von Haeften sprach auch für alle, als er Freisler vor dem Volksgerichtshof entgegenwarf, «Hitler [sei] der große Vollstrecker des Bösen». Die Verschwörer wussten um das ewig bestehende Böse, das der Zähmung bedarf, sie wussten von der ungeheuren Schuld, die auf Deutschland lastete. Sie spürten die Notwendigkeit der Sühne, sie fürchteten die drohende Rache der Gepeinigten. Sie waren sich der Verrohung bewusst, und am Ende ging es ihnen hauptsächlich um die Anerkennung menschlicher Würde, um die Herstellung von Recht und Freiheit. Sie waren sich der Gefahr des Scheiterns bewusst, sie sprachen vom «Fluch des längst ‹zu spät›, das auf dem Ganzen lastete». Aber zuallerletzt blieb doch der Glaube, ihr Versuch könnte der Ehre Deutschlands dienen.

Zum Schluss ein Wagnis der Deutung: Bei dem Abstand von beinah siebzig Jahren darf man vielleicht fragen, ob es nicht wichtige Gemeinsamkeiten im deutschen

Widerstand und in der europäischen Résistance gegeben hat. Waren nicht beide besorgt um innere Erneuerung, wissend, dass es der deutschen Diktatur gelungen war, die lauernde Unmenschlichkeit in Europa zu mobilisieren. Man sah sich konfrontiert mit einer europäischen Krise. Auch die französische Résistance hatte vorerst einen konservativen Einschlag, ein Verlangen nach der kritischen Deutung der eigenen Vergangenheit und einer moralischen Auseinandersetzung. Man war sich einer entsetzlichen Verrohung bewusst. Wie konnte es zu den Verbrechen kommen? Und in den Kellern der Résistance wie in den Entwürfen des deutschen Widerstands hoffte man auf ein baldiges Ende des Krieges und auf ein friedfertiges, vereintes Europa.

Ich möchte nur an einen der großen Menschen der französischen Résistance, an Albert Camus, erinnern, der genau im Juli 1944 im Pariser Untergrund in einem Brief an einen fiktiven deutschen Freund das Elend der deutschen Verrohung beklagte: «Sie haben angenommen [schrieb er], dass es angesichts des Fehlens aller menschlichen oder göttlichen Moral einzig die Werte gebe, die im Tierreich herrschen, nämlich Gewalt und List. Daraus haben Sie geschlossen, dass der Mensch nichts sei und man seine Seele töten könne, dass in unserer höchst sinnlosen Geschichte die Aufgabe eines Individuums nur im Erlebnis der Macht bestehen könne und seine Moral nur im Realismus der Eroberung. ... Sie waren so überzeugt von der Ungerechtigkeit unseres Seins, dass Sie sich entschlossen, dazu beizutragen, während mir im Gegenteil schien, der Mensch müsse auf Gerechtigkeit pochen, um gegen die ewige Ungerechtigkeit zu kämpfen, Glück schaffen, um sich gegen die Welt des Unglücks aufzulehnen. Weil Sie aus Ihrer Verzweiflung einen Rausch gemacht haben, weil Sie sich davon befreiten, indem Sie sie zum Prinzip erhoben, haben Sie eingewilligt, die Werke des Menschen zu zerstören, und gegen ihn zu kämpfen, um das Elend seines Daseins zu vollenden.» Waren das nicht Moltkes Gedanken in fremder Sprache?

In den letzten Jahren wurde der deutsche Widerstand neu eingeschätzt. So hat im Jahre 2004 die französische Regierung einem Überlebenden des deutschen Widerstands, Philipp von Boeselager, den Offiziersgrad der Ehrenlegion verliehen, und die Ministerin schloss: «Die Regierung erweist damit den Tausenden die Ehre, die in den Monaten nach dem Attentat vom 20. Juli 1944 hingerichtet wurden und die mit ihrem Blut eine der heldenhaftesten und schrecklichsten Seiten der deutschen Geschichte geschrieben haben. … Ihr Opfer hat Deutschland nicht verschont, aber Deutschlands Ehre gerettet.» Bemerkenswerte Anerkennung!

Ich glaube, es gab diese Gemeinsamkeiten im europäischen Widerstand. Es gab in Europa Menschen, die unter brutalsten Umständen ihr Leben riskierten, um Anstand, Gerechtigkeit und menschliche Würde zu ehren, denen der Traum eines friedlichen Europa der Vernunft vorschwebte: Könnte man nicht dieser Gemeinsamkeit gedenken und eine europäische Erinnerungsstätte errichten – zu Ehren von vielen und in Anerkennung einer bleibenden Verpflichtung, dieses Europa zu festigen in Geist und Tat. Könnte eine solche Gedenkstätte des Europäischen Widerstands nicht errichtet werden: schlicht und einfach, mit Bedacht um die Gegensätze innerhalb der und zwischen den nationalen Bewegungen des Widerstands, als Ausdruck eines immerwährenden Dankes, dass es in dunkelsten Zeiten Menschen gab, die ihre Menschlichkeit bewiesen. Eine solche gemeinsame Gedenkstätte, vielleicht in der Nähe des Europäischen Gerichtshofes, würde Dank und Verpflichtung ausdrücken und sollte die späteren Freiheitskämpfer Osteuropas einbeziehen. Ein Denkmal der Versöhnung: die Toten zu ehren, den Künftigen zur Mahnung.

Fritz Haber: Größe und Tragik seines Lebens und seines Landes

(2011)

Wir sind hier, um auf die ersten hundert Jahre einer außergewöhnlichen Einrichtung zurückzuschauen, die tief in unserer Zeitgeschichte, in der Geschichte der Wissenschaft, in der Geschichte Deutschlands und daher auch der Europas insgesamt verwurzelt ist. Gegründet wurde das Fritz-Haber-Institut der Max-Planck-Gesellschaft während der letzten Tage des Siegeszugs friedlicher Wissenschaft. Dann musste es die Schrecken des zweiten Dreißigjährigen Krieges von 1914 bis 1945 durchleben, diente vielen Herren, unterwarf sich den schlimmsten und blühte schließlich während des letzten halben Jahrhunderts einzigartigen Friedens in Europa in der Erfüllung seiner ursprünglichen Aufgaben für die Wissenschaft auf. Das Institut wurde von und für Fritz Haber geschaffen – in Anerkennung eines wissenschaftlichen Genies, das eine große humanitäre und wissenschaftliche Herausforderung seiner Zeit gemeistert hatte: die Gewinnung von Stickstoff aus der Luft. Seine Entdeckung mündete schnell in der technischen Großtat der Produktion von Ammoniak – unverzichtbar für Düngemittel, aber auch, was damals nicht allgemein bekannt war, unverzichtbar für die Sprengstoffherstellung. Bereits hier zeigte sich der Januskopf der Wissenschaft: Das Ergebnis war, dass ab diesem Zeitpunkt Millionen vor dem Hungertod bewahrt wurden, während gleichzeitig in der europäischen Katastrophe des Ersten Weltkriegs unzählige andere starben oder von den Sprengsätzen verkrüppelt wurden, die mithilfe des Haber-Bosch-Verfahrens produziert worden waren. Zudem unterstellte Haber das Institut ohne zu zögern den Kriegsinteressen und führte als erster Giftgas in den Krieg ein, eine Waffe, die unverzüglich von beiden Seiten angewandt wurde. Die halbe Million Männer, die qualvoll erstickten, und die noch größere Zahl derer, die blind, unter Erstickungsanfällen und grausamen Schmerzen leidend überlebten und auf die eine oder andere Weise meist für den Rest ihres Lebens verstümmelt waren, bleiben ein unauslöschlicher Teil unserer kollektiven Erinnerung an diesen Krieg.

Habers Leben umfasste Triumph und Tragödie – parallel zur Geschichte seines Landes, das selbst von Krämpfen geschüttelt wurde, das im Laufe von Habers Lebens seine triumphale Gründung wie sein tragisches Ende erfuhr, ein Ende mit Schrecken, das es der ganzen Welt aufbürdete. Wir sind die Nachgeborenen von Aufstieg, Untergang und Wiedererholung Deutschlands. Im Nachhinein erkennen wir, dass Haber, der so überragend begabt und engagiert war, an bestimmten Punkten auch bedauernswerte Entscheidungen traf, und dies, wie es seinem Naturell entsprach, mit Leidenschaft und unerschöpflicher Energie tat. In unserer Gesellschaft, die Verunglimpfungen und vorgebliche Rechtschaffenheit auf dem Fundament von Political Correctness so sehr schätzt, wird Haber gern als eitler Chauvinist in Reinform betrachtet, von rücksichtslosem Ehrgeiz getrieben, einer, der seinem Land bedingungslos diente, während er die Bedürfnisse und Rechte seiner Nächsten beiseite schob oder tief verletzte. Das Land, dem er sich verschrieben hatte, verstieß ihn am Ende, zwang ihn ins Exil und ermordete Millionen seines Stamms.

Habers Leben lässt sich leicht in eine Moralgeschichte pressen, der dann schnell eine grob vereinfachende, oft sensationslüsterne Mystifizierung folgt. Die unterschiedlichsten Medien haben Habers Leben die Komplexität genommen, und selbst wohlmeinende Kritiker und Ideologen haben uns ahistorische Einschätzungen vorgelegt. Gerade angesichts jener breiten Mystifizierung und jener vorschnellen Urteile, ist vielleicht die Sichtweise eines Historikers von Nutzen. Stimmt es, was Shakespeare sagte: «Was Menschen Böses tun, das überlebt sie, das Gute fällt ins Grab mit ihren Knochen»? Haber verdient eine ausgewogenere Betrachtung – und wir haben diese nötig.

Gestatten Sie mir eine Abschweifung. In Amerika ist es heute üblich, eine Anmerkung anzubringen, die als «volle Offenlegung» bezeichnet wird und in der der Autor private Verbindungen oder Beziehungen zu seinem Gegenstand ausweist. In diesem Fall ist die volle Offenlegung erheblich. Fritz Haber war ein enger Freund und Mentor meiner Eltern, und mein Vater war sein Leibarzt. Habers ältester Sohn Hermann heiratete Marga, die Schwester meines Vaters, und ihre Kinder und Enkelkinder waren bzw. sind gute Freunde von mir und meiner Familie. Die Familie Haber war in meinem Leben allgegenwärtig, und ich freue mich, dass sowohl Habers Tochter Eva Lewis als auch Isabelle Traeger und Edouard Feller, die Enkel von Hermann und Marga, hier anwesend sind. Fritz Haber war mein Patenonkel, ich bin nach ihm benannt. Das also sind die privaten Verbindungen zu meinem Gegenstand.

Vor Jahren habe ich begonnen, das Leben von Fritz Haber und einigen seiner Kollegen – Max Planck, Albert Einstein und Paul Ehrlich – zu erforschen. Ich beschäftigte mich mit ihnen als Personen des öffentlichen Lebens und der Geschichte. Sie gehörten zu den ersten Naturwissenschaftlern, die jenseits der abgeschotteten Welt der Wissenschaft Gewicht hatten. Sie waren weltbekannt und einige wurden sogar als Helden gefeiert und jedenfalls verehrt. In einem Deutschland, dem seine Säkularität und Modernität auch Unbehagen bereitete, fanden sie ihren Platz in den Reihen der Humanisten, die so lange als eine Art Ersatzklerus fungiert hatten. Meine Forschungen führten mich in viele großartige Archive, öffentliche wie private, und ermöglichten mir Gespräche mit Zeitgenossen jener Männer, darunter Vicky Weißkopf und Otto Stern sowie seinem Schüler I. I. Rabi. Ich hatte Zugang zu privaten Korrespondenzen, und mir stand die umfangreiche Korrespondenz meiner Eltern zur Verfügung.

Den Jüngeren möchte ich an dieser Stelle erklären, dass für frühere Generationen das Briefeschreiben von größter Bedeutung war. Es bot vielen die Möglichkeit, die üblichen Verschwiegenheitsregeln aufzubrechen und manche ihrer intimsten Gedanken und Befürchtungen Freunden gegenüber zu offenbaren. Der Briefwechsel zwischen

Haber und Willstätter, der mittlerweile veröffentlicht ist, liefert ein perfektes Beispiel hierfür. Die heutige Technologie ermöglicht zwar den sofortigen Austausch, wahrscheinlich verhindert sie aber auch, dass eine dauerhafte Vertrautheit zwischen Menschen entsteht und man schreibend zur Selbsterkenntnis gelangt. Briefe bekommen oft ein Eigenleben; sie reifen mit der Zeit.

Ein letztes Bekenntnis: Ich bin in den Naturwissenschaften nicht bewandert, mein Nichtwissen ist schandhaft. Aber ich entwickelte großes Interesse an diesen Wissenschaftlern und ihrer Welt, an ihren äußeren und so weit wie möglich auch an ihren inneren Welten. Da ich feststellte, dass sie im letzten Jahrhundert in der Öffentlichkeit so sehr an Gewicht gewannen, beschäftigte ich mich in ihrem Fall vorrangig mit den Menschen außerhalb ihrer Arbeit, mit den Privatpersonen und ihrer Präsenz in der Öffentlichkeit, mit ihrem Ethos und ihrer öffentlichen Rolle, mit ihren Errungenschaften, mit ihren inneren und äußeren Belastungen. Diese Beschäftigung war mir nicht nur ein persönliches Anliegen, sie war vielleicht sogar auch in professioneller Hinsicht eine nützliche Arbeit: Die Biographien dieser großen Wissenschaftler mussten noch geschrieben werden. Mein Unwissen hat wahrscheinlich meine Ehrfurcht vergrößert – die Ehrfurcht vor dem Unternehmen Wissenschaft, die Ehrfurcht vor ihren inbrünstigen Dienern. Zudem verspürte ich bei den Wissenschaftlern, mit denen ich mich beschäftigte, ihre Ehrfurcht vor dem, was Wissenschaft bedeutet, ihre Zuversicht, das Universum begreifen zu können, gepaart mit dem Wissen um die vielen Rätsel oder Geheimnisse im Reich der Natur, ihre stete Bereitschaft, andere Ansichten zu erwägen.

Viele von ihnen verkörperten das wissenschaftliche Ethos, das damals ebenso streng wie eine Religion zu befolgen war. I. I. Rabi, der große amerikanische Physiker, der in Deutschland studiert hat, schrieb: «Als ich die Physik entdeckte, merkte ich, dass sie über die Religion hinausging. Sie war die höhere Wahrheit. Sie erfüllte mich mit Ehrfurcht. … Die Physik brachte mich Gott näher.»[1] Haber wurde nicht nur wegen seiner eigenen Leistungen gepriesen, sondern auch wegen seiner unermüdlichen Förderung anderer und seiner raschen Auffassungsgabe, mit der er den Kern eines Problems erkannte und eine Lösung erahnte. Ich denke, diese Ehrfurcht, die ich vor ihrem Werk, ihrem Ethos, ihrem unerschütterlichen Engagement für die Wissenschaft empfand, hat mich möglicherweise stärker als jedwelche familiären Gefühle fehlgeleitet. Auf alle Fälle hoffe ich aber, dass meine Treue zum Kodex der Historiker stärker als die Fallstricke der Familienpietät war. Vorrangig interessiert mich die Schnittstelle zwischen Öffentlichem und Privatem im Leben dieser Menschen.

Natürlich besteht eine tiefe Verbindung zwischen ihnen und ihrer damaligen Zeit – sie erklären sich wechselseitig. Das gilt für keinen mehr als für Fritz Haber, der so vieles exemplifiziert, was in seiner Gesellschaft großartig und was schadend war. Seine Biographie illustriert das menschliche Drama des Lebens, die Verbindungen zwischen tieferen historischen Prozessen, privaten Ambitionen und schieren Zufällen.

Manchmal bergen Zufälle eine besondere Bedeutung: Fritz Haber wurde am 9. Dezember 1868 in eine wohlhabende, liberale jüdische Familie geboren. Der Vater war Farbenfabrikant im quirligen Breslau, dem heutigen Wrocław. Keine drei Jahre später schlug die Geburtsstunde des Deutschen Reichs – es wurde in Versailles proklamiert, die Wahl des Ortes ein Symbol der unbilligen Demütigung des besiegten Widersachers Frankreich durch Deutschland. Da es in erster Linie preußische Waffen gewesen waren, die den Traum von der deutschen Einigung verwirklicht hatten, nahm das preußische Militär von Anfang an eine nahezu heilige Stellung in dem neuen Staat ein. Selbst Bismarck, der geniale politische Architekt der Einigung, erschien in Versailles in Uniform, sein politisches Geschick neben dem Glanz der siegreichen Waffen eher weniger realisiert. Die Demütigung Frankreichs war die endgültige Rache für Jahrhunderte deutscher Unterlegenheit. Nachdem nun auch das Erbe des ersten Napoleons aus dem Weg geschafft war, sollten deutsche Länder nie wieder der Amboss sein, auf dem europäische Politik geschmiedet wurde. Für ganz Europa war das eine dramatische Umkehrung: Die französische Vorherrschaft war erschüttert, die deutsche Macht musste in die europäische Politik eingefügt werden. Ein britischer Staatsmann hielt fest: *«Europe has lost a mistress and gained a master.»* Und was für ein Herr! Das neue Deutsche Reich – im Grunde autokratisch, doch mit demokratischen Insignien, feudal regiert, doch modern, ja fast hyper-modern in ökonomisch-technischen Belangen – wurde das Land im rasenden Aufstieg. Die Geschichte Europas war immer die Geschichte wechselnder Dominanzen gewesen: Spanien, Frankreich, Großbritannien. Das neue Deutschland war ein später Teilnehmer an diesem Wettbewerb.

Bismarck gab dem neuen Deutschland eine in seinem Sinne listige Verfassung: die Macht des Monarchen ein Stück reduziert, viele schwache parlamentarische Gremien vorgesehen, die aufgrund unterschiedlicher Stimmrechte gewählt wurden und deren Macht stark begrenzt war – völlig anders als etwa das britische Unterhaus. Der Streit zwischen militärischen und zivilen Kräften war buchstäblich vorprogrammiert. Aber es handelte sich um einen *Rechtsstaat*. Die Rechtsstaatlichkeit war festgeschrieben, auch wenn in der Praxis die Justiz klassenbezogen war. Die alten Klassen behielten formal Macht und Ansehen, während die neuen Klassen, einschließlich der Wirtschaftskapitäne, die materiellen Stützen der Macht lieferten und das Reich zum Rivalen von Großbritannien erhoben, jener vielgerühmten Werkstatt der Welt, der Macht, über deren riesigen Gebieten die Sonne niemals unterging.

Das Deutsche Reich blühte auf in einer neuen Phase des dynamischen Industriekapitalismus, der unter anderem durch einen aufstrebenden wissenschaftlich-technischen Sektor und beneidenswert ausgebildete und disziplinierte Arbeitskräfte gefördert wurde. Es gab viel, worauf das Reich stolz sein konnte. Und Habers Familie, säkular und erfolgreich, partizipierte an diesem kollektiven Stolz – allerdings mit dem schmerzhaften Makel, dass man jüdisch war. Im neuen Reich war den Juden die Gleichheit per Gesetz zugesichert, aber die Realität strafte das Gesetz Lügen. Alte Vorurteile bestanden weiter, und die angesehensten Positionen blieben Juden verwehrt: Sie waren vom Offizierskorps und großen Teilen des Beamtenstands ausgeschlossen. In Deutschland gab es keine Dreyfus-Affäre, weil es undenkbar war, dass ein Jude Offizier im Generalstab sein könnte. Hier muss allerdings hinzugefügt werden, dass Antisemitismus bei weitem keine rein deutsche Angelegenheit war. Er hatte unterschiedliche Ausformungen in den verschiedenen Ländern, auch das amerikanische Leben in jener Zeit war ohne Frage von ihm betroffen. Und deutsche Juden waren überproportional erfolgreich auf anderen Gebieten: im akademischen, insbesondere naturwissenschaftlichen und medizinischen Bereich, im Finanzwesen, in den freien Berufen und jenen Tätigkeiten, die der Moderne zuzuordnen waren, etwa im Journalismus.

Die Reichsgründung fiel mit der Geburt eines neuen Typs von populistischem und teilweise rassistischem Antisemitismus zusammen. Die angebliche Vorrangstellung und Macht der Juden in Deutschland feuerte ein altes Vorurteil neu an. Es waren zwar einige Juden in der Politik zu finden, aber niemand wie Disraeli, Bismarcks einzigem Konkurrenten hinsichtlich listiger Staatskunst. In den 1870er Jahren erkannten nur wenige die Widersprüche und Gefahren dieses aufstrebenden Giganten, und keiner sezierte so scharf wie Nietzsche, der erst 1890 «entdeckt» wurde, als er bereits unheilbar krank war.

Ich sehe eine bemerkenswerte Affinität zwischen Haber und seinem Land, eine Affinität in der Größe wie im

Verderben. Haber erfuhr die Mängel seines Landes, er konnte sie ausnutzen und er hatte unter ihnen zu leiden. Um Haber zu verstehen, muss man Deutschland verstehen. In gewissem Maß gilt das auch umgekehrt. Beide beleuchten sich wechselseitig.

Es war eine berauschende Zeit zum Heranreifen, aber die wiederkehrenden Schatten in Habers Leben hielten unverzüglich Einzug, lange bevor er sie hätte artikulieren können: Wenige Tage nach seiner Geburt starb seine Mutter. Er war Halbwaise und musste ohne Mutterliebe aufwachsen. Stattdessen gab es eine starke väterliche Autorität, genauer einen Vater, dessen Trauer um die Frau möglicherweise seine Gefühle für den Sohn geschmälert hat, auch wenn seine zweite Frau den frühreifen Erstgeborenen der Familie zärtlich liebte. Verzehrte sich der junge Haber nach Liebe, gab es da von Anfang an eine psychische Schwäche, die sich bereits in seiner Jugend als physische Verletzlichkeit äußerte, beinhalteten öffentliche Anerkennung und praktischer Erfolg einen besonderen Reiz für ihn, fungierten sie als Stützen? Es besteht kein Grund, sich in vagen Vermutungen zu verlieren: Ehrgeiz war die Norm im deutschen Leben, gleichfalls, vielerlei Erfolgsziele zu haben. Zweifellos gehörte öffentliche Anerkennung in einer obsessiv geschichteten Gesellschaft zu diesen Ambitionen, und die Umsetzung von Leistung in Titel und Ehrungen war ebenso von Belang. Ehrgeiz bestimmte den rigorosen Wettbewerb im Leben, und harte Arbeit, wenn auch ein Stück weit abgemildert durch Vorliebe, erworben oder vorgeschrieben, für Geistigkeit, gehörte ebenfalls zur Norm.

Fritz durchlief die besten Einrichtungen preußischen Lebens und ein hervorragendes pädagogisches System, das gerade auf die neuen Felder der modernen Wissenschaft ausgeweitet wurde. Er war außerordentlich begabt, entwickelte eine Leidenschaft für Chemie und beugte sich nicht dem Wunsch des Vaters, in das Familienunternehmen einzutreten. Stattdessen machte er das, was viele Kinder der zweiten Generation tun: Er schlug seinen eigenen Weg ein, betrat die akademische Welt, war schnell überzeugt, dass seine Leidenschaft für Chemie auch das Zentralgebiet der Forschung darstellte.

Im Jahr 1888, Haber war gerade 20, kam das Reich in eine neue Phase. Der alte preußische König Wilhelm I., der den Titel eines deutschen Kaisers nur zögerlich zu seiner althergebrachten Preußenkrone hinzugefügt hatte, starb, und nach kurzer Regierungszeit seines liberalen Sohns, der bei der Thronbesteigung bereits todkrank, fast ohne Stimme war – seine schwache Herrschaft ein übertriebenes Symbol für die Geschichte des deutschen Liberalismus –, übernahm der 29-jährige Enkel die Krone. Wilhelm II. war ein Unglücksfall der Geschichte. Seine lange Regierungszeit, bekannt als wilhelminische Epoche, war durch einen neuen, imperialistischen Stil gekennzeichnet. Die großen preußischen Tugenden Redlichkeit, Bescheidenheit und Sparsamkeit wurden ersetzt durch einen militaristischen Ton, jene entsetzliche *Schneidigkeit* und angebetete Männlichkeit. Das Wilhelminische stand alsbald für pompöse Verschwendung und das Streben nach Ansehen, für eine Moderne, die durch nach wie vor starke Überbleibsel feudaler Sitten und Klassen abgeschwächt wurde. Wilhelm selbst verkörperte die Widersprüche: Er strebte nach Popularität, während er zugleich beanspruchte, Herrscher von Gottes Gnaden zu sein. Sein echtes Interesse am materiellen und technischen Fortschritt, der sich in Wissenschaft und ökonomischer Macht manifestierte, bewirkte eine Ausrichtung, die zu Habers eigenen Leidenschaften passte.

Ehrgeiz, egal, ob beherrscht oder ungezügelt, war das Markenzeichen des neuen Deutschlands. Das entsprach Habers eigener Vorliebe, aber als er in der akademischen Welt aufstieg, kam er an die Grenzen für Juden. Sie waren hier wie überall von den Machtpositionen ausgeschlossen. Wie Max Weber wenig später festhielt, sollte ein Jude jede Hoffnung aufgeben, den Gipfel des akademischen Lebens, einen Lehrstuhl oder eine ordentliche Professur, zu erreichen. Allerdings war Judentum nach wie vor als Religionszugehörigkeit und nicht als Rassemerkmal definiert. Jenen Juden, die deutsche Bildung erworben und sich in die deutsche Kultur, die fast ein Äquivalent für Religion war, verliebt hatten, und denen auf alle Fälle die jüdischen Traditionen fremd gewordenen waren, winkte die völlige Assimilation in das deutsche Leben mittels einer Konversion zum evangelischen Glauben, die damals häufig als Kultur-Protestantismus bezeichnet wurde.

Religion war in Habers Leben nicht von maßgeblicher Präsenz, von den jüdischen Traditionen war für ihn wenig übrig geblieben – daher nahm er 1894 den letzten Schritt zur Assimilation und konvertierte zum Protestantismus. Diesen Weg hatten in den Jahren zuvor viele andere beschritten, angefangen mit Heine und den Kindern von Moses Mendelssohn. Es handelte sich damals um einen Protestantismus, der selbst von denen, die hineingeboren waren, wenig verlangte: Die Kirche war für viele zur reinen Dekoration im bürgerlich-rationalen Leben geworden, ein Ort, der bloß die großen Momente im Leben markierte – Taufe, Hochzeit und Tod. Habers Konversion war genau jene Geste opportunistischer Konformität, die sein bester Freund Richard Willstätter verachtete. Ein spiritueller Akt, der praktische Vorteile brachte, war für Willstätter unannehmbar. Haber verschrieb sich der neuen Religion mehr mit Verve denn mit innerem Glauben – wie ich denke, aus einer echten, alles überstrahlenden Leidenschaft heraus: seinem Stolz, Deutscher zu sein, seiner Loyalität, ja Untertänigkeit gegenüber den deutschen Herrschenden. Um es genauer zu sagen: Er war ein deutscher Patriot, der sich einem internationalen Unterfangen verschrieben hatte – der Wissenschaft. Auch sie war von einer besonderen, nahezu religiösen Aura umgeben.

Schon früh entwickelte Haber eine spezielle Gabe, Wissenschaft mit dem praktischen Leben zu verbinden. Ebenfalls früh entdeckte er seine Begabung für Rhetorik, eine poetische Ader, die dazu führte, dass er bis zu seinem Tod zauberhafte Gedichte – meist Knittelverse – schrieb. Seine geniale literarische Seite passte in ein Milieu, das viel Wert auf geistige Errungenschaften legte, auf Kultur, beispielsweise in Klassik, Poesie, Musik und allen Bereichen, wo man in höheren Sphären leben konnte. Einer der großen Erfolge Ende des 19. Jahrhunderts war, insbesondere in

Großbritannien und Deutschland, dass Kultur – wie etwa das Theater – der Arbeiterklasse zugänglich gemacht wurde. Dies verringerte die Klassenunterschiede und die Gefahr, Kultur bleibe das Privileg der Privilegierten.

Haber gedieh im wilhelminischen Deutschland; der Kaiser gab den Ton an und Haber spielte nach seiner Melodie. Der Erfolg trug ihn immer weiter, führte schließlich zur komplexen Gründungsgeschichte der Kaiser-Wilhelm-Gesellschaft, jener historischen Neuerung, die wissenschaftliche Größe, jüdisches Geld und kaiserlichen Glanz vereinte. Die Professorenschaft war die geistige Eliteeinheit des Kaisers, und manche davon waren damit zufrieden, alles beim Alten zu lassen. Für den Fortschritt waren große Reformer gefragt. Deshalb wäre ich, wenn mir genug Zeit geblieben wäre, gern auch auf Althoff und Harnack eingegangen – Männer, die wie Haber versuchten, die größten Talente an ihre modellhaften Forschungseinrichtungen zu binden. Die Deutschen hatten eine spezielle Gabe, Talent zur Tatkraft zu entwickeln.

Es ist kaum möglich, die Bedeutung, die die eigene Arbeit in seiner Welt spielte, zu überschätzen. Für sie opferte er viel und verlangte zweifellos auch von anderen Opfer dafür. In gewisser Weise war sie zugleich Fluch und Kur – Kur im Sinne von Tolstois «Arbeitskur» und Fluch, weil er Zeit seines Lebens unter nicht enden wollenden Arbeitsperioden, Überarbeitung und schierer Erschöpfung litt, die allesamt auf Kosten seiner schwachen Nerven und Konstitution gingen. Und doch war sein Humor ein Mittel der Abwehr gegen den melancholischen Hang in seinem Leben.

Im Jahr 1901 heiratete er Clara Immerwahr, Tochter einer wohlhabenden jüdischen Familie in Breslau und wie Haber zum Protestantismus konvertiert. Sie war ohne Frage eine außergewöhnliche Frau, äußerst begabt und gebildet: sie war schließlich die erste Frau, die in Breslau den Doktortitel in Chemie verliehen bekam. Dass Fritz ein egozentrischer und egoistischer Ehemann war, der schlicht davon ausging, dass seine Arbeit und sein Ehrgeiz Vorrang genossen, entsprach der beklagenswerten Norm der Zeit, und Clara muss sich dessen bewusst gewesen sein; dennoch protestierte sie ebenso wie gut zwanzig Jahre später beispielsweise Christine Bonhoeffer, dass sie ihre wissenschaftliche Karriere mit der Heirat aufgeben musste. Clara bekam schon bald einen Geschmack von Habers bevorzugten Prioritäten. Nach einer schwierigen Schwangerschaft gebar sie im Juni 1902 ihren Sohn Hermann. Schon im September desselben Jahres fuhr Haber als Delegierter zur Versammlung der Amerikanischen Elektrochemischen Gesellschaft in die USA. Seine Frau litt sehr unter seiner Abwesenheit, doch für Haber waren die Monate in Amerika bereichernd – wie auch für die Nachwelt. Seine veröffentlichten Impressionen von Amerika sind vielleicht noch erhellender als er dachte. Er erkannte, schrieb er, dass die technische Entwicklung «in jenem wunderbaren Land» eng verbunden war mit wesentlichen gesellschaftlichen und sozialen Faktoren. «Geläufig ist uns das Zerrbild des Amerikaners, der ohne Rast dem Dollar nachjagt und, über dem Wunsch, sich zu bereichern, den Sinn für Recht und Ordnung wie das Interesse an jeder geistigen Kultur verliert.» Auch die

Amerikaner hätten ein Zerrbild von den Deutschen, fügte er hinzu: «Wir sind angesehen als ein Volk von Leuten, die gute Parademärsche und schlechte Gedichte machen, die nach oben buckeln und nach unten treten, die sich Orden und Beamtenstellen aufs innigste wünschen, die sich in freiwilliger politischer Unselbständigkeit wohl fühlen und den Druck, den sie von den Behörden gern auf sich nehmen, an ihre Frauen und Töchter weitergeben, die sie in der Ehe wie im Leben um Freiheit und Bildungsrechte beschneiden.» Seltsam: Habers Zerrbild der Amerikaner dürfte den außergewöhnlichen Männern und Frauen der Occupy-Wall-Street-Bewegung nur allzu richtig erscheinen: Das Zerrbild ist zur unsäglichen Wahrheit geworden. Und was die amerikanische Sicht auf die Deutschen angeht: Hat es nicht sehr lang gedauert, bis sie widerlegt war?

Haber kehrte zurück nach Karlsruhe und damit in das liberalste Land des Reichs. Hier fand er im folgenden Jahrzehnt die höchst begehrte Lösung für eines der größten Probleme der westlichen Welt in jener Zeit, nämlich die Gewinnung von Stickstoff aus der Luft, die es ermöglichte, die Düngemittelproduktion enorm zu steigern. Damals erkannten wahrscheinlich nur wenige, dass damit auch die Mittel zur Sprengstoffherstellung geliefert wurden. Als Ordinarius in Karlsruhe baute Haber ein außergewöhnliches internationales Netzwerk auf. Er war ein großartiger Mentor für deutsche und ausländische Chemiker, und viele Menschen profitierten von seiner Gabe für Kollegialität und Freundschaft.

Er war äußerst praktisch veranlagt, und seine große

Erfindung erwies sich als höchst profitabel für die Industrie, genauer: für die BASF, und für ihn selbst. Der nächste große Schritt in Habers Karriere und im deutschen Wissenschaftsleben beweist, dass Haber ein Hauptarchitekt dessen war, was wir vielleicht als Deutschlands wissenschaftlich-industriellmilitärischen Komplex bezeichnen können. Er war an der Gründung der Kaiser-Wilhelm-Gesellschaft und damit vor allem an der Gründung dieses heute nach ihm benannten Instituts entscheidend beteiligt.

Sein wichtigster Verbündeter war Adolf Harnack, ein Theologe und der Generaldirektor der Königlichen Bibliothek. Als dieser neue Mittel für die Anschaffung wissenschaftlicher Literatur benötigte, tat er das mit folgendem Argument: «Was wir im Kreise der Kulturvölker bedeuten, das liegt alles beschlossen in unserer Wehrkraft und unserer Wissenschaft, mit welch letzterer unsere Technik und Industrie aufs engste verbunden sind, weil sie – im Unterschied von anderen Völkern – mehr und mehr angewandte Wissenschaft bei uns geworden sind.»[2] Das Argument, wissenschaftliche Forschung sei unabdingbar für die nationale Wehrkraft, hat auch Haber während seines gesamten Berufslebens benutzt. Erlauben Sie mir dazu eine Abschweifung: Zeugt es nicht von der Großartigkeit der europäischen Integration, gefährdet wie sie ist, dass heute in Europa Bemühungen um die Wissenschaft ein derartiges Argument nicht mehr benötigen?

Die bestens bekannte Geschichte der KWG und Habers Institut enthält auch alle Elemente der wilhelminischen Gesellschaft: wissenschaftliche Vorrangstellung, philanthropische Kapitalisten, die nach höchsten Ehren strebten, und eine kaiserliche Aura, die sich in Orden und Titeln manifestierte. Habers Institut verkörperte die Versprechen einer scheinbar triumphalen Ära.

Doch es sollte anders kommen. Der Erste Weltkrieg, die Urkatastrophe des Jahrhunderts, erstickte die Hoffnungen in einem ungeahnten Gemetzel. Die Frage nach der Schuld an seinem Ausbruch erregte die Völker jahrzehntelang und beschäftigte die Historiker über Generationen hinweg. Meine Kurzformel lautet: Die Konflikte in der deutschen Gesellschaft, darunter die Entfremdung des Proletariats, hatten verheerende Auswirkungen auf die erschreckend unbesonnene deutsche Außenpolitik. Im Juli 1914, als die Kriegsgefahr wuchs und wuchs, fragte sich der umsichtige deutsche Kanzler Bethmann Hollweg insgeheim, ob es dazu kommen musste. Seine Antwort lautete: «Die früheren Fehler, gleichzeitig Türkenpolitik gegen Russland, Marokko gegen Frankreich, Flotte gegen England, alle reizen und sich allen in den Weg stellen und keinen dabei wirklich schwächen. Grund: Planlosigkeit, Bedürfnis kleiner Prestigeerfolge und Rücksicht auf jede Strömung der öffentlichen Meinung. Die ‹nationalen› Parteien, die mit dem Radau über die auswärtige Politik ihre Parteistellung halten und festigen wollen.»[3]

Die Position des neuen Deutschlands in einem schwerbewaffneten Europa wäre auf alle Fälle schwierig, vielleicht sogar unsicher gewesen. Doch die Tatsache, dass seine Führung sich großen Illusionen hingab, dass ihre idealistische Sprache die höchst mächtigen materiellen Interessen vor den Augen der Masse verschleierten – all das leistete einer bellizistischen, «männlichen» Haltung Vorschub. Das klarste Beispiel für den industriell-militärischen Komplex, der in Deutschland stark war, ist der Schlachtflottenbau, der dazu dienen sollte, Großbritannien einzuschüchtern. Dabei lullte eine sorgfältig konstruierte Propagandamaschinerie die Mehrheit der deutschen Mittelschicht ein und ließ sie zu enthusiastischen Unterstützern werden. Die Deutschen dürsteten nach Anerkennung und manche glaubten, andere Länder könnten zur Freundschaft gezwungen werden. Erneut der Widerspruch: Der Kaiser schwelgte im Bellizismus und gab sich Hoffnungen auf eine Zukunft als Großmacht hin, während er in Wahrheit vor dem Krieg eine gewisse Scheu hatte. Lassen Sie mich nur hinzufügen: Die deutschen Fehler im Vorfeld und im Weltkrieg können anderen Ländern als Fallbeispiele dienen, wie man sich nicht verhalten sollte.

Es ist bekannt, dass deutsche Akademiker, Intellektuelle und Kirchenvertreter bei Kriegsausbruch in entsetzlichen Jubel ob der bevorstehenden Prüfung ausbrachen. Das Land, das Kriegserklärungen ausgesprochen hatte und in Belgien einmarschiert war – und damit seine Neutralitätsabkommen verletzt hatte –, glaubte nun, es sei Opfer habgieriger Feinde und in einen reinen Selbstverteidigungskrieg gezwungen worden. Der Kampf wurde als heilige Chance glorifiziert, als Möglichkeit, das Land wahrhaft zu einigen, als Reinigung der Nation, als Epoche für Helden, die ihr Leben in dem Wissen einsetzen würden, dass es ein von Gott gutgeheißenes Opfer und Geschenk wäre, für das Vaterland zu sterben. Auch Haber verfiel dieser Unschuldsillusion und zögerte nicht, sich bedingungslos dem großen Kampf zu verschreiben. Das berüchtigte Manifest der 93, das im Oktober 1914 erschien, war von einigen der größten deutschen Wissenschaftler, Schriftsteller und Künstler unterschrieben: Es beschwor Deutschlands Unschuld, verleugnete alle Fehlhandlungen als Erfindungen der Alliierten und beteuerte, deutsche Waffen und deutsche Kultur seien untrennbar verbunden und bedingten einander geradezu. Das Manifest, das von einem jüdischen Schriftsteller entworfen und insgeheim vom Reichsmarineamt überarbeitet worden war, sollte eine Hauptwaffe der deutschen Kriegspropaganda werden und insbesondere auf neutrale Länder zielen. Haber unterschrieb, ebenso Max Planck, Paul Ehrlich und Richard Willstätter genau wie Adolf Harnack, Max Liebermann und viele andere der Prominenz. Es handelte sich um eine herausfordernde, arrogante Erklärung, die genau das Gegenteil von dem bewirkte, was man sich erhofft hatte. Ausländische Intellektuelle, darunter viele in den Vereinigten Staaten, lehnten das Manifest als Zeichen deutscher Verlogenheit ab, als Verrat an der Ehre der Intelligenz. In anderen kriegführenden Ländern erschienen ähnliche, wenn auch etwas zurückhaltendere Exemplare vom «Verrat der Intellektuellen». Der Krieg stürzte Europa in eine vergiftete Atmosphäre. Ab August 1914 führte der seit langem ablaufende und von rechten Kräften gepflegte Prozess der Umwandlung eines sanften Patriotismus in einen Hyper-Nationalismus zur allgemeinen Deformation des europäischen Geistes.

Aber es gab noch mehr zu vergiften. Haber erkannte sofort, dass in diesem Krieg die Wissenschaft ein zentrales Element der Strategie sein musste, und stellte sein Institut komplett in den Dienst des Militärs. Allerdings waren die deutschen Generäle nicht allzu begeistert von neumodischen Technologien oder Waffen. Die Alliierten auch nicht: Lord Kitchener zum Beispiel nannte noch 1917 Panzer ein «hübsches mechanisches Spielzeug, mit dem man keine Kriege gewinnt». Die Generäle führten die herkömmlichen Kriege, sodass erst Haber und Rathenau kommen mussten, um sie zu einer realistischeren Ansicht zu zwingen. Da die Offiziere skeptisch waren, blieb es dem Kaiser überlassen, Haber den begehrten Rang eines Hauptmanns zu verleihen. Erschreckend schnell nahm Haber die Gewohnheit an, bei nahezu allen Gelegenheiten in Uniform zu erscheinen. Dass er äußerst stolz auf seine neue Verantwortlichkeit, auf seine Zugehörigkeit zu den höchsten Ebenen der Macht war, passte zu Habers Ehrgeiz. Für Juden oder Menschen mit jüdischen Wurzeln war die Möglichkeit, ihre uneingeschränkte Loyalität demonstrieren zu können, besonders kostbar.

Jetzt kommen wir zu den tragischsten Momenten von Habers Leben im Krieg. Er war es, der im April 1915 Giftgas als neue Waffe einführte. Es wurde erstmals gegen die Alliierten in Ypern eingesetzt. Der Gebrauch von Gift als Waffe war mehrfach in der Haager Landkriegsordnung verboten worden. Dass die militärischen Führungen aller am Krieg beteiligten Länder daran arbeiteten, solch einen neuen Stoff einzusetzen, liefert keine

Entschuldigung dafür, dass Haber den ersten Einsatz fieberhaft organisierte und leitete. Auch seine eigene Rechtfertigung ist unzureichend: Die neue Waffe würde das schreckliche Gemetzel beim Stellungskrieg rasch beenden; zudem würden Gasangriffe die feindlichen Truppen paralysieren, aber nicht unbedingt in Millionenhöhe töten oder verkrüppeln, wie das bei konventionellen Waffen der Fall wäre. Genausowenig ist hilfreich, dass er einige der friedliebendsten deutschen Wissenschaftler wie etwa James Franck dafür gewinnen konnte, sich an der Vorbereitung des geplanten Angriffs zu beteiligen. Es war ein britischer Chemiker, der den Schrecken eindrucksvoll beschrieb: «Es ist ein abscheuliches und schreckliches Gefühl, erwürgt und erstickt zu werden und keine Luft mehr zu bekommen; wer von Kugeln getroffen wird, erliegt vielleicht seinen Wunden, aber die Kugeln geben ihm nicht das Gefühl, dass ihm das Leben abgewürgt wird.»[4] George Grosz' Zeichnung des gekreuzigten Jesus mit Gasmaske vermittelt einen Eindruck von der allumfassenden Empfindung der Brutalisierung durch Gitftgas. Seine Einführung war absolut verabscheuungswürdig – in einer verabscheuungswürdigen Zeit.

An dieser Stelle möchte ich auf die kürzlich erschienene, wunderbar ausgewogene Haber-Darstellung unserer polnischen Kollegen Magda Dunikowska und Ludwik Turko verweisen.[5] Und ich möchte daran erinnern, was der große amerikanische Entomologe Thomas Eisner über seinen Vater Hans schrieb, einen liberalen Kollegen und Freund von Haber, der empört über den Giftgaseinsatz war, aber trotzdem «Fritz Haber sein Leben lang zugeneigt war. … Die Zuneigung Haber gegenüber war ein Dilemma. Irgendwie teilte er diesen Menschen in zwei Hälften, denn er konnte nie und nimmer gutheißen, was Haber im Ersten Weltkrieg getan hat.»[6] Haber hat etwas Schreckliches getan, zweifellos hat er die Wissenschaft zum Werkzeug des Teufels gemacht und zur weiteren Verrohung der westlichen Welt beigetragen. Aber es ist unmöglich, die Tat zu beurteilen, ohne den historischen Kontext einzubeziehen. Es ist gefährlich, im Nachhinein zu moralisieren, insbesondere nachdem der Zweite Weltkrieg sich, wenn auch auf andere Weise, als noch zerstörerischer erwiesen hat.

Clara Immerwahrs tragisches Ende Anfang Mai 1915 ist bekannt. Ich glaube, ihr Selbstmord wurde zum Mythos stilisiert; ich finde, dass bei der Frage nach den Gründen für einen Suizid eine achtungsvolle Zurückhaltung angebracht ist. Zudem dürfen wir nicht vergessen, dass die Ehe der Habers auch schon vor dem Krieg unglücklich war. Wäre es nicht fair, auch sie am Ende als ein Opfer des Krieges zu betrachten?

Die gewichtigste deutsche Stimme für den Pazifismus war Albert Einstein, der in der Zeit nach 1918 wieder ein enger Freund von Haber wurde und mit ihm gemeinsam für den Frieden gearbeitet hat. Sind wir wirklich so viel bessere Ethiker als Einstein, dass wir Haber die Entlastung versagen können? Kann man ein Leben nach einer einzigen katastrophalen Deformation beurteilen, die in mehrerlei Hinsicht für die schlimmsten Fehler Habers wie seines Landes steht? Es war eine abscheuliche Tat in einem höchst brutalen, abscheulichen Krieg. Verdient ein

Mensch mit großen Gaben, mit einem genialen Talent für Freundschaften, Unterstützung und Hilfe, der die Jahre der Weimarer Republik damit verbrachte, die internationalen Verbindungen der Wissenschaftler, an deren Zerreißen er während des Krieges beteiligt war, wieder zu knüpfen, nicht ein ausgewogenes Urteil?

Eine kurze Anmerkung: Ich bedaure, dass wir in einem Zeitalter der Verunglimpfungen leben und möchte ein amerikanisches Beispiel anführen, wo eine große Persönlichkeit heute in einer ähnlichen Art verzerrt wird. Thomas Jefferson, der verehrte Gründervater, schrieb in der amerikanischen Unabhängigkeitserklärung jene Worte, die sich in die Herzen der meisten Amerikaner eingegraben haben: «Wir halten diese Wahrheiten für ausgemacht, dass alle Menschen gleich erschaffen wurden, dass sie von ihrem Schöpfer mit gewissen unveräußerlichen Rechten begabt wurden, worunter sind Leben, Freiheit und das Bestreben nach Glückseligkeit.» Derselbe Mann hatte Sklaven, betrachtete sie als profitablen Besitz und stellte sich seinen europäischen Freunden gegenüber taub, die ihm den großen Widerspruch seines Verhaltens vorhielten. Er zeugte zudem sechs Kinder mit einer seiner Sklavinnen. Ich fürchte, künftig werden sich amerikanische Schüler eher an diese Fehltritte als an seine politische und moralische Weisheit erinnern. Haber war kein Jefferson, aber die Weigerung zu begreifen, dass Größe, die per se selten ist, tief in Schuld verstrickt sein kann, ist beunruhigend.

Wir wissen nicht, wann Haber erkannte, dass Deutschland den Krieg verlieren würde. Zensur, öffentliche Verlogenheit und die weit verbreitete Kunst, nicht wissen zu wollen, bewirkten bei den meisten Deutschen das Gefühl, ihre Armee würde es schon schaffen. Das galt insbesondere nach der russischen Niederlage im Herbst 1917. Daher war das Land einschließlich seiner politischen Führung völlig überrascht, als General Ludendorff Ende September 1918 verlangte, eine neue, etwas demokratische Regierung müsse Präsident Woodrow Wilson um einen sofortigen Waffenstillstand ersuchen. Die Alternative wäre der Zusammenbruch des Heeres. Jene Illusionen, die den Traum eines kurzen Kriegs und schnellen Siegs genährt hatten, richteten sich jetzt auf einen schnellen und leichten Wilsonschen Frieden. Der sollte nicht kommen. Vier Jahre der Siege mit schrecklichen Kosten hatten die Deutschen schlecht auf das vorbereitet, was folgte. Vergessen war der harte Frieden, den die Deutschen dem bolschewistischen Russland im Frühjahr 1918 diktiert hatten; zudem war man sich der Wut und der Ängste von Franzosen und Briten nicht bewusst. Am 9. November dankte der Kaiser schließlich ab, eine Revolution – jedenfalls dem Namen nach – zu Hause stürzte das alte Regime und machte einer Deutschen Republik Platz, deren erste Aufgabe es war, einen niederschmetternden Waffenstillstandsvertrag zu unterschreiben. Schlimmeres sollte folgen: Die Franzosen rächten sich für die Demütigung 1871 in Versailles um ein schreckliches Vielfaches im Friedensvertrag von Versailles 1919. Der Vertrag verwundete Deutschland in jeder Hinsicht, materiell und, was vielleicht noch schlimmer war, psychisch. Der berüchtigte «Kriegsschuldartikel» erboste faktisch jeden

Deutschen, selbst solche, die der Herrschaft des Kaisers kritisch gegenüber gestanden hatten.

Wie alle Deutschen litt Haber unter den Schlägen der Demobilisierung, allerdings verstärkt. Seine Hoffnungen und Illusionen waren verflogen, stattdessen befürchtete er aufgrund bestimmter Ungewissheiten in den Verträgen, er könnte zu den Deutschen gehören, die als Kriegsverbrecher vor ein alliiertes Gericht gestellt würden. Tatsächlich klagten die Alliierten keinen einzigen Deutschen an, und von den deutschen Gerichten, die mutmaßliche Kriegsverbrecher anklagten, wurde Haber nicht einmal angerührt. Trotzdem war er am Boden zerstört, erschöpft und verängstigt. Seine junge und damals noch glückliche Ehe mit Charlotte Nathan verschaffte ihm wenig Erleichterung. Selbst über dem Chemie-Nobelpreis des Jahres 1918, der ihm 1919 in Anerkennung seiner «Methode zur Synthese von Ammoniak aus dessen Elementen Stickstoff und Wasserstoff» verliehen wurde, lag ein Schatten, weil die Wissenschaftler der Alliierten Haber ungeachtet dessen als Aussätzigen behandelten. Um sich zu schützen, floh er für eine Weile in die Schweiz, kehrte dann aber nach Deutschland zurück und suchte das einzige Heilmittel, das er kannte: Arbeit.

Und davon gab es genug. Er nahm seinen Posten im Institut wieder ein und trug dazu bei, dass es eines der großen internationalen Forschungszentren der Welt wurde. Nach wie vor war es im Stillen mit der Industrie und dem stark verkleinerten Militär verbunden. Das Institut zog Unmengen junger Wissenschaftler an, darunter viele Ausländer und künftige Nobelpreisträger. Haber war erneut in seinem Element als Mentor von ihnen allen: Das Kolloquium, das er alle zwei Wochen veranstaltete, war ein Höhepunkt deutscher Wissenschaft, und Haber agierte, wie eh und je, von Natur aus und mit Leidenschaft interdisziplinär und international. Er war ein Impresario wissenschaftlichen Genies. Er beeindruckte Freunde und Kollegen mit seiner raschen, profunden Auffassungsgabe, gepaart mit einer praktischen Seite: Er pflegte sich die Darlegungen zu einem Problem anzuhören und konnte dann sofort alle Implikationen klar benennen. Alle Berichte weisen darauf hin, dass diese Treffen ergreifende Ereignisse gewesen sein müssen.

Überdies war Haber eine Schlüsselfigur in Weimar beim Wiederaufbau der deutschen Wissenschaft in Zeiten bitterer Armut. Er war es, der zusammen mit Kollegen, hier vor allem Harnack, die Notgemeinschaft der deutschen Wissenschaft ins Leben rief, und er war es auch, der die letztlich erfolgreichen Bemühungen leitete, wieder eine Art internationales Einvernehmen unter Wissenschaftlern zu etablieren. Seine Anstrengungen führten ihn bald nach Frankreich und England, wo er alliierte Wissenschaftler dafür gewann, die Kooperationen wieder aufzunehmen; dies gelang ihm leichter als bei vielen deutschen Kollegen, die in deutscher Trotzigkeit die Zusammenarbeit mit ausländischen Kollegen ablehnten. Er baute auch besondere Beziehungen zu Japan auf – er war ein Globalist bevor der Begriff existierte. Im Gegensatz zu den meisten deutschen Professoren war Haber ein loyaler Anhänger der Republik und geistesverwandt mit Rathenau und Stresemann. Allerdings wusste er auch um den virulenten Antisemitismus – insbesondere durch seine Freunde Einstein und Willstätter –, eine der Folgen des Ersten Weltkriegs. Je prominenter Juden in allen Bereichen der Weimarer Republik wurden, desto mehr wuchs und verbreitete sich auch der Hass auf sie.

Habers öffentliche Enttäuschungen wurden durch privaten Kummer verstärkt. Seine Ehe mit Charlotte wurde geschieden, Haber musste sich sein Versagen als Ehemann eingestehen. Doch die Einsamkeit wurde durch enge Freundschaften und natürlich die Arbeit abgemildert. Er änderte seine Ansicht über den Platz der Frau und schrieb an meinen Vater, «er solle auf die Arbeit seiner Frau Rücksicht nehmen, sie sei in jeder Hinsicht so wichtig wie seine eigene.»

Angesichts von Stresemanns Tod 1929 und des Ausbruchs der Weltwirtschaftskrise erkannte Haber die immensen Gefahren, in denen sich die Weimarer Republik befand. Von 1930 bis 1933 starb die deutsche Demokratie allmählich – die Armen in schierer Not, die Mächtigen in dem Irrglauben, ihre Interessen könnten durch einen neuen Semi-Autoritarismus gewahrt werden. Am Ende bewegte die verblendete Rechte einen entnervten Hindenburg, der im Herzen ein Reaktionär war, Hitler zum Kanzler zu ernennen. Dieser würde, so glaubten sie, Spielball der Konservativen sein, die die Mehrheit im Kabinett haben sollten.

Der Rest ist bekannt: Mit verblüffendem psychologischen Scharfsinn und sofort einsetzendem Terror verwirklichte die neue Regierung Hitler ihr totalitäre Absicht in atemberaubendem Tempo. Mit dem Ermächtigungsgesetz sprach ein eingeschüchterter Reichstag Hitler faktisch die absolute Macht zu. Anfang April 1933 wurde mit dem Gesetz, das den zynischen Titel «Gesetz zur Wiederherstellung des Berufsbeamtentums» trug, jedwede Gleichstellung der Juden abgeschafft. Jüdische oder «nicht-arische» Beamte – wozu natürlich auch alle Professoren zählten – mussten auf der Stelle entlassen oder in den Ruhestand versetzt werden. Auf Verlangen Hindenburgs bildeten Frontkämpfer des Ersten Weltkriegs eine Ausnahme.

Habers Stellung in der deutschen Wissenschaft und Gesellschaft war einzigartig. Er hätte seinen Posten behalten können – was Planck auch verzweifelt hoffte –, aber der moralische Preis war viel zu hoch. Wäre er geblieben, hätte er seine jüdischen Kollegen entlassen müssen. Er weigerte sich und bat stattdessen um die vorzeitige Versetzung in den Ruhestand. Seine frühere Hoffnung, dass James Franck, sein Kollege und ehemaliger Angehöriger des Instituts, seine Nachfolge antreten würde, zerschlug sich rasch. Der Nobelpreisträger Franck, der in Göttingen Physik lehrte, fiel in dieselbe Kategorie als Nichtarier und nahm dieselbe Haltung ein wie Haber: Er trat zurück. Inmitten einer beschämenden allgemeinen Stille löste sein Rückzug vorübergehend Kritik in der Öffentlichkeit aus. Doch von wenigen Ausnahmen abgesehen akzeptierte die deutsche akademische Elite schweigend die Vertreibung ihrer Kollegen und verriet viele akademische und zivile Werte. Wir werden sehen, dass Franck auf ganz spezielle Weise doch noch so etwas wie Habers Nachfolge antrat.

Für Haber war der Rest eine bittere Tragödie. Er fühlte sich zu alt, zu schwach und in jeder Hinsicht zu gebrochen, um im Exil ein neues Leben zu beginnen. Er musste zudem das beschämende Schweigen seiner deutschen Kollegen erfahren, dasselbe Schweigen und dieselbe freiwillige Konformität, die die Nazityrannei möglich machten. Natürlich gab es eine Handvoll Ausnahmen. Zu ihnen gehörte Karl Friedrich Bonhoeffer, der Haber in einem Brief seine Anteilnahme erklärte und ihm versicherte, «dass ich mich stets mit Stolz und Dankbarkeit zu Ihnen als meinem Lehrer bekennen und von Ihren Verdiensten um Deutschlands Wissenschaft und Technik der künftigen Generation erzählen werde.» (Allerdings war die gesamte Familie Bonhoeffer einschließlich der angeheirateten Mitglieder mit ihrem Anstand und Mut nahezu einzigartig.) Haber fand in Cambridge Zuflucht, wo ihm britische Chemiker, von denen einige selbst an der Kriegführung mit Giftgas beteiligt gewesen waren, einen Laborplatz verschafften, sodass er die Möglichkeit hatte, eigene Forschungen zu betreiben. Aber seine Gesundheit war zerbrochen. Der Jude, der sich sein Deutschsein so vollkommen zu eigen gemacht hatte, der es, wie so viele andere jüdischstämmige Deutsche, «zu sehr liebte», fand jetzt in Chaim Weizmann einen großen Freund. Der Chemiker Weizmann stand an der Spitze der zionistischen Bewegung, und beide arbeiteten hart, um Stellungen für deutsche Wissenschaftler zu finden, die ihre Arbeit und, schlimmer noch, ihre Heimat verloren hatten.

Haber überlegte sogar, eine Stellung in Palästina anzunehmen, aber mein Vater verschrieb ihm vorerst etwas

Ruhe in der Schweiz. Ende Januar 1934 traf sich Haber auf dem Weg in ein Schweizer Sanatorium in Basel mit Hermann und Marga sowie mit meinen Eltern. Es war typisch für ihn, dass er darauf bestand, mit jedem einzelnen von ihnen allein über ihre Lebensmöglichkeiten unter unheilvollen Umständen zu reden. Stunden später rief er meinen Vater an sein Bett – sein Herz war im tödlichen Versagen.

Die Trauer unter Habers Freunden war tief – und das Schweigen in Deutschland nahezu total. Im Januar 1935 organisierte Planck im heutigen Harnack-Haus eine Gedenkfeier, aber staatliche Behörden wie private berufliche Einrichtungen verboten die Teilnahme. Otto Hahn, mittlerweile im Ruhestand, las den bewegenden Beitrag, den Bonhoeffer verfasst hatte. Bonhoeffer selbst durfte nicht teilnehmen.

Dies ist nicht der Anlass, über die beschämende Geschichte des Instituts in der Nazizeit oder über die Verbrechen zu sprechen, die Mitglieder der Kaiser-Wilhelm-Gesellschaft verübt haben. Diese Aufgabe wurde vortrefflich auf Initiative von Hubert Markl unternommen. Genausowenig ist es der Anlass, über das beklagenswerte Ausbleiben eines Eingeständnisses oder einer Wiedergutmachung der begangenen Verbrechen bei so vielen deutschen Wissenschaftlern nach dem Ende des Nationalsozialismus zu reden.

Es blieb anderen überlassen – um es genau zu sagen, einigen jener Wissenschaftler, die aus Deutschland vertrieben worden waren und schließlich ihr Auskommen und Unterstützung in fremden Ländern fanden –, einige der Lektionen zu lernen. James Franck, für den der Verlust der Heimat besonders schmerzhaft war, ging in die Vereinigten Staaten und spielte später eine wichtige Rolle beim Manhattan-Projekt. Sein Motiv war, wie bei seinen Kollegen, die Angst, die Deutschen könnten als erste eine Nuklearwaffe entwickeln und damit, wie Franck wusste, die westliche Zivilisation zerstören. Nach dem Bombentest in New Mexico wurde Franck Vorsitzender eines Wissenschaftlerkomitees, das sich mit den unmittelbaren politischen Folgen der amerikanischen Errungenschaft beschäftigte. In dem sogenannten Franck-Report warnten sie davor, die neue Atomwaffe gegen Japan einzusetzen: «Wenn die Vereinigten Staaten die ersten wären, die dieses neue Mittel zur Zerstörung der Menschheit anwendeten, würden sie jeden öffentlichen Beistand in der Welt verlieren, das Wettrüsten heraufbeschwören und die Möglichkeit beeinträchtigen, ein internationales Abkommen zur zukünftigen Kontrolle dieser Waffen zu erreichen.»[7]

Franck setzte seine Warnungen eine ganze Weile fort. Er sprach im Namen von Wissenschaftlern, die «eine Art internationaler Bruderschaft bilden, die in vielerlei Hinsicht einem religiösen Orden vergleichbar ist.... Wir versuchen, ein Stück weit unsere früheren Sünden wiedergutzumachen, etwa unseren Mangel an Interesse für soziale Probleme.»[8] (Februar 1947) In Privatbriefen ging Franck bei der Anerkennung seiner persönlichen Schuld noch weiter: «Unter dem Kaiser hielten wir immer schön unsere Klappe.... Wir nahmen [die Reden des Kaisers] nie ernst genug, um zu erkennen, wie stark sie dazu beitrugen, die ganze Welt ins Elend zu stürzen.»[9] Es ist zulässig anzunehmen, dass Francks Bemühungen, «frühere Sünden wiedergutzumachen», auch von der Erinnerung an die frühere Massenvernichtungswaffe, an den früheren Einsatz der Wissenschaft für tödliche Zwecke gespeist wurden.

James Franck hatte aus der Vergangenheit gelernt. In diesem Sinn darf man ihn als einen Nachfolger von Fritz Haber betrachten. In gewisser Weise sind wir alle die Nachfolger früherer Tragödien und wir haben alle unablässig so viel mehr zu lernen.

Ich wünsche dem Fritz-Haber-Institut ein weiteres Jahrhundert wissenschaftlicher Erfolge, verbunden mit der Verpflichtung, das moralischen Erbe von Fritz Habers Leben zur Ehre zu gereichen. Die ethische und politische Verantwortung der Wissenschaftler muss gepflegt, in Ehren gehalten und gelehrt werden – zum Wohle der Wissenschaft und der Menschheit und als Tribut an eine große Persönlichkeit, an Onkel Fritz.

Entzaubertes Amerika?

(2011)

Der anspruchsvolle Titel für diese Vorlesung kam mir plötzlich, als ich mich an die unvergesslichen Worte von Max Weber aus dem Jahr 1919 aus seinem Vortrag *Wissenschaft als Beruf* erinnerte, wo er von der «entzauberten» Welt sprach – wie anders als entzaubert konnte man die Welt nach der Verheerung des Krieges beschreiben?

Im Kopf waren mir Webers Vorhersage aus jenem Vortrag: «Die alten vielen Götter, entzaubert und daher in Gestalt unpersönlicher Mächte, entsteigen ihren Gräbern, streben nach Gewalt über unser Leben und beginnen untereinander wieder ihren ewigen Kampf. Das aber, was gerade dem modernen Menschen so schwer wird, und der jungen Generation am schwersten, ist: einem solchen Alltag gewachsen zu sein. Alles Jagen nach dem ‹Erlebnis› stammt aus dieser Schwäche. Denn Schwäche ist es: dem Schicksal der Zeit nicht in sein ernstes Antlitz blicken zu können.» Es war die Warnung vor alten Göttern oder auch Dämonen, die mir so zeitgemäß vorkam.

Ich dachte vorerst an «Die alten Götter», die in unserer entzauberten Welt in neuen Gestalten hervorkommen könnten, und dann kam der Gedanke oder die Ahnung, dass diese «Götter» vielleicht auch den schleichenden Niedergang Amerikas begleiten könnten; ein Niedergang entsprungen aus äußeren Verhältnissen, aber mehr noch geschürt im inneren Leben des Landes – in seinem eigenen konfliktreichen Unbehagen.

Amerika wurde oft entdeckt und oft auch *ver*deckt, aus Liebe und aus Unverständnis oder Hass und Hochmut. Im Lande selbst, bei aller Selbstkritik, wurde es als etwas Einzigartiges gefeiert. Amerika wurde im liberalen Geist gegründet und es schien, als ob das Land den tiefsten Schmerz, den ein Land empfinden kann, den Bürgerkrieg, überwinden könnte.

All das kommt mir am Anfang des 21. Jahrhunderts etwas zweifelhaft vor – die entzauberte Welt braucht politische Mündigkeit, Bürger, die sich einer immer komplexeren Welt stellen wollen. Die Gefahr der alten Götter, oder deren vulgären Propheten, wie Burckhardt sagte, der *terribles simplificateurs*, verdient, ernst genommen zu werden.

Ich beabsichtige einige wohl bekanntere historische Vorgänge anzudeuten, um dann kurz auf das unklare Aktuelle zu kommen.

Es gab ein Europa, ein geistiges Europa im Humanismus, in der Aufklärung und im 19. Jahrhundert, das heute eher vergessen ist. Viel angesprochen wird das politische, eher nicht existierende Europa, das von Churchill 1946 in Zürich verlangt oder prophezeit wurde. Es kam zu einer politischen Version Europas; zuletzt genannt EU, und dieses Europa steckt heute in einer tiefen Krise. Wir erleben den Aufstieg Asiens. An dieser Stelle möchte ich nur an das Werk Herbert Lüthys erinnern, eines der klügsten Beobachter Europas in globaler Sicht.

Amerika hat Europa stets fasziniert, bestaunt als die ‹neue Welt›. Es empfand sich auch als eine solche, im langsamen Prozess zur Selbstständigkeit. Aufgetreten ist das Land Mitte des 18. Jahrhunderts im Kampf mit dem monarchischen Kolonialherren Großbritannien, erst nur im Protest gegen Ungerechtigkeit, dann im Krieg um Unabhängigkeit. Schließlich erklärten sich die 13 Kolonien 1776 als unabhängig, in einer noch nie dagewesenen Weise. Begründet wurde es mit «decent respect to the opinions of mankind». Aus Respekt also vor der Meinung der Welt. Dann folgten die Prinzipien «all men are created equal and endowed by the creator with certain unalienable rights, life, liberty, and the pursuit of happiness». Ausdruck einer politischen Vernunft, die belebt war von den Idealen der Aufklärung: Inbegriff der Liberalen, aber auch als Weltereignis verstanden, mit einem Anspruch auf universelle Bedeutung. Die «Declaration of Independence» wurde Vorbild für rund 175 Staaten – das Land fühlte sich nicht zu Unrecht als Vorbild.

Widersprüche verdüsterten das Bild von Anfang an. Die Kluft zwischen Anspruch und Wirklichkeit: *all* men (aber nur Weiße). Die Sklaverei, die Ursünde des Landes, existierte, allerdings muss man die Mitschuld Europas berücksichtigen.

Die USA wurden 1787 befestigt, mit einer einmaligen Verfassung, von liberal-konservativen Grundsätzen und Möglichkeiten in Anerkennung der Notwendigkeit, dass auch diese Struktur dem geordneten Wandel angepasst werden muss. Es war die Aufklärung in politischer Wirklichkeit. Das Land, von der Natur so reich beschenkt, war eine Art Wunder – historisch gesehen ein Land nach der Reformation, ohne Feudalismus, zur Zeit von weltweitem Aufschwung und sofort auch Handelspartner, geschützt von der englischen Flotte – die List der Geschichte in Aktualität.

Das politische Denken der Gründergeneration, festgehalten in den berühmten «Federalist Papers», war wiederum ein geniale Synthese von europäischem Denken und amerikanischer Wirklichkeit. Auch schweizerisches Denken und schweizerische Institutionen gingen mit ein.

Doch erlauben Sie mir mit zwei privaten Erinnerungen zu beginnen: 1972/73 während eines Arbeitsjahres in Holland besuchte ich in Leiden den kleinen, harmonischen Hof um die alte Peterskerk, dieser Hof hatte Anfang des 17. Jahrhunderts den Englischen Dissidenten, den Pilgrims gehört, jenen, die aus religiösen Gründen aus England geflüchtet waren. Als ich da stand, im späten Herbstlicht kam es mir wie ein traumhaftes Refugium vor – und plötzlich kam mir die Frage: Was hat die Pilgrims bewegt, diesen freien, friedlichen Platz, wo sie in aller Sicherheit ihrem Glauben folgen konnten, diesen herrlichen Platz zu verlassen, sich einer zwei Monate langen Tortur auf stürmischem Meer anzuvertrauen, um in ein unbekanntes, eher wildes Land zu ziehen? War es etwa die Plage einer neuen Sprache, und noch mehr das Unbehagen, die Furcht, dass die Kinder anders aufwachsen würden – als zukünftige Holländer, englischer Sprache und englischen Sitten entfremdet? Ich war im Unklaren. Kaum zurück in den USA, wurde mein Einfall in langweiligen Monographien bestätigt.

Franklin Roosevelt verkörperte die lebendige Demokratie. Das Leben meiner Eltern und der Emigranten überhaupt war unendlich schwer, Englisch war mir fremd, aber ich fühlte vom ersten Tag an den Segen der Befreiung, ich glaubte sehr schnell an Traum und Wunder im neuen Land, eine bedrückende, aber bezauberte Welt. Ich erinnere mich an einen der ersten Tage – ich hatte mich in einem Vorort der Stadt verirrt – und in Unsicherheit wandte ich mich an einen Polizisten: allein, der Polizist als Freund war für mich etwas Neues und zutiefst Beruhigendes: Ich spürte den Frieden und die Freude der *civil society*, ehe ich das Wort auch nur kannte.

Das Land ist oft entdeckt worden und blieb ein reizvolles Rätsel für Europäer. Hier möchte ich nur einige der großen Stimmen erwähnen, die früh versucht haben, das Land zu verstehen. Einmalig ist wohl Alexis de Tocqueville, der mit seinem Freund Gustave de Beaumont 1831/32 die USA besuchte und deren Briefe aus Amerika kürzlich in einer erstmaligen Ausgabe erschienen sind und mich tief beeindruckt haben. Was hat er alles intuitiv verstanden und in herrlichen Briefen festgehalten – um es ein paar Jahre später in seinem Buch «De la démocratie en Amérique» fundamental zu erläutern. Sein erster und bleibender Eindruck: «Die einzige tiefe Leidenschaft, die einzige, die das Herz Tag für Tag bewegt, ist das Erringen von Wohlhaben (und Eigentum)»; «dieses glückliche Land hat keine wirkliche Regierung...» Und doch fand er gleichzeitig, dass «die christliche Religion hier ein stärkeres Fundament hat als in irgendeinem anderen Land, das ich kenne und ich bin sicher, daß dies jede politische Administration beeinflußt.» «Das Land muß dem lieben Gott danken, daß es so gelegen ist, daß es weder eine stehende Armee noch eine Polizeikraft braucht, und daher auch nicht eine geschickte oder beständige Außenpolitik. Falls jemals eine von diesen drei Dingen notwendig sein sollte, dann kann man ohne eine Kristallkugel sagen, daß die Vereinigten Staaten entweder ihre Freiheit oder ‹balance of power› verlieren würden.» Eine uns melancholisch stimmende Vorhersage.

Tocqueville hat in Amerika Europa nie vergessen. Er spürte in Amerika eine Ahnung von der Zukunft Europas. Es gab auch, was so viele seiner Nachfolger taten: einen Vergleich mit Europa. So schrieb er, dass als eine Folge Amerikas eine legitime Monarchie sich mit den Ideen der Freiheit verfestigen muss, oder sie wird von ihnen zerstört. Eine Ansicht, die wir in den letzten Jahrzehnten bestätigt gesehen haben. Den Schwächen gegenüber war er in keiner Weise blind: Die Spanier waren den Indianern gegenüber brutal, aber sie ließen sie am Leben: Tocqueville hatte keinen Zweifel, dass innerhalb eines Jahrhunderts in Nordamerika keine einzige indianische Nation überleben würde, nicht einmal der Einzelne. Die Lage der Sklaven hat er in den ersten Briefen weniger berücksichtigt. Er hat noch vieles andere Großartige und Erschreckende gesehen, ganz besonders die Rolle des Geldes, des rein Materiellen – und auch das hat die Zukunft der europäischen Welt vorweg genommen. Er hat auch die Stärken und Schwächen dieser neuen Ordnung, der Demokratie, analysiert, ihm war die Gefahr der Tyrannei der Mehrheit bewusst, vor der man Minderheiten beschützen müsste.

Sie wissen, wie sehr Amerika in den europäischen Gemütern nistete. Für viele ein hoffnungsvolles Vorbild; für einige das absolute Negativum, so zum Beispiel für Jacob Burckhardt, zumindest manchmal. Für ihn war es ein Schrecken der Zukunft, das kulturlose Land *par excellence*. Und um die Widersprüchlichkeit Amerikas krass darzustellen, nur die Erinnerung, dass im 19. Jahrhundert 280 000 Schweizer ihr schönes Land verließen, um ihr Glück in Amerika zu suchen. Nur noch ein Name sei genannt: Wie einige andere europäische Gelehrte kam auch Max Weber 1906 zu dem großen Kongress in St. Louis und war tief beeindruckt von der unüberbietbaren dynamischen Kraft des amerikanischen Kapitalismus. Er sah, wie «mit geradezu rasender Hast» alles «was der kapitalistischen Kultur im Wege stehe, zermalmt werde». Und er sah auch die menschlichen Möglichkeiten: «Vielleicht war es einer Nation noch nie zuvor so leicht gemacht worden, wie dem amerikanischen Volk, eine große Kulturnation zu werden. Aber menschlichem Ermessen nach, ist es auch zum letzten Male in der Menschheitsgeschichte, daß solche Bedingungen für eine freiheitliche und große Entwicklung gegeben sind.» Mehr als fast alle Deutschen hat Weber die Entwicklung Amerikas genutzt, um die innere politische Entwicklung des Vorkriegsdeutschlands zu geißeln. Er beklagte die politische Passivität der Deutschen wie auch die Selbstüberschätzung.

Das sind einige wenige Stimmen, die sich mit Amerika beschäftigt haben: Dichter, Denker, Wirtschaftstitanen, sie alle sahen in Amerika ein neues, großartiges oder auch erschreckendes Experiment. In der europäischen Fantasie hat Amerika eine einzigartige Rolle gespielt. Das Land faszinierte im patrizischen Basel und in den Ghettos Russlands.

Aber nach 1917 war Amerika nicht mehr eine Frage der Fantasie. Amerika enwickelte sich mit enormer Geschwindigkeit zu einer Weltmacht, letztlich zur einzigen. Die deutsche Unterschätzung Amerikas im Weltkrieg, die Max Weber scharf kritisierte, gab diesem Aufschwung ungewollte Unterstützung. Und so konnte ein großer Nachfolger von Weber, Ralf Dahrendorf, im Jahre 1952 schreiben: «Seit dem Ende des Ersten Weltkrieges ist Amerika nicht nur zunehmend attraktiver oder tüchtiger geworden als Europa, sondern es hat uns dieses Übergewicht auch spüren lassen...» Im selben Buch über Amerika, treffend, genannt die *Angewandte Aufklärung*, erklärte Dahrendorf: «...bei allen Einschränkungen ... bleibt indes immer noch der Sachverhalt bestehen, daß die amerikanische Gesellschaft das größte Experiment der rationalen Bewältigung der Welt in der Menschengeschichte darstellt.» Siebzig Jahre später die bedrängende, eigentlich überragende Frage: Wie steht es um die Erhaltung dieses einzigartigen Experiments? Kann es die Gefahren, die von Innen und Außen drohen, abwenden? Oder wird es überfordert sein, denn innere und äußere Gefahren greifen ineinander ein, verstärken sich und verdunkeln die Sicht der Menschen? Oder anders ausgedrückt: Wie steht es heute «mit der rationalen Bewältigung der Welt?» Das Irrationale in Amerika bestimmt das Leben so vieler Bürger.

Liebe Hanna

zu Deinem 85. Geburtstag
sehr herzliche Glückwünsche!
Hoffentlich feierst Du
schön mit Deinen Lieben
in Dresden. Das Buch
von Fritz Stern habe
ich über Weihnachten
gelesen und fand es sehr
eindrucksvoll. Haber
war sein Patenonkel.
Sehr herzliche Grüße
Dein Jochen.

Ich habe zu viel von Europäern gesprochen, die zum großen Teil ignorierten, wie es im Lande selbst von Anfang an Kritik, zum Teil vernichtende Kritik, an Amerika selbst gegeben hat. Auch hier genügen Namen. Angefangen mit den Pilgrims, die so streng mit sich und anderen ins Gericht gingen, und den großen Schriftstellern wie Emerson und Melville oder Menschen, die schonungslos die Schwächen des Landes beklagten. Es war von Anfang an ein Wechselbad von Überheblichkeit in Lob und Verteufelung. Die Bescheidenheit des größten Amerikaners, Abraham Lincoln, bleibt die fesselnde Ausnahme. Wie fremd, wie traurig fremd, ist heute diese schlicht religiös bedingte Bescheidenheit? Lincoln wusste, Amerika war ein einmaliges Experiment, das auch scheitern könnte.

In den ersten Jahren des Kalten Kriegs, 1952, warnte Reinhold Niebuhr, der große amerikanische Theologe: «Falls wir untergehen sollten, die Ruchlosigkeit unserer Gegner wäre nur der sekundäre Grund der Katastrophe. Der fundamentale Grund wäre, daß die Stärke einer Riesennation gelenkt wurde von Augen zu blind, um die Gefahren des Kampfes zu sehen und die Blindheit käme nicht durch einen Zufall der Natur oder der Geschichte, sondern durch Haß und Prahlerei.» Am Anfang, mit Blick auf die Unabhängigkeitserklärung, die Verfassung und die Idee der humanen Vernunft der ersten politischen Generation, hatten viele Amerikaner sich mit Recht oft als etwas Einzigartiges gesehen und bezeichnet. Gerade, wie schon gesagt, die Declaration of Independence hatte ein weltweites Echo. Aber mit dem Eintritt in die Weltpolitik, ganz zu schweigen von der Zeit als führende

Weltmacht, verfiel das Land immer mehr in einen Widerspruch zwischen Anspruch und Wirklichkeit. Wenn ich heute von der Möglichkeit einer Entzauberung spreche, so ist zu sagen, dass dieser moralische Anspruch ganz besonders unter der Regierung von George W. Bush zur Karikatur erniedrigt wurde. Wie haben wir uns als Freiheitshelden gefeiert und uns in verschiedenen Kriegen als Befreier empfunden – und schließlich in dem mit Lügen behafteten Irakkrieg, mit geheimen Gefängnissen und Folter unsere eigenen Sünden bloßgelegt. Wie hat man in diesem Land geschwelgt im schließlich triumphalen Kampf gegen den Kommunismus, und wie wurde das Land in einen nicht zu gewinnenden Krieg gegen den Terrorismus hineinmanövriert. Und immer wieder die Abwechslung zwischen Verzauberung und Entzauberung – gegen alles Böse muss man gewappnet sein, auch gegen die Übeltäter im Land. «Wer nicht für uns ist, ist gegen uns.» Es ist ein erschreckend einfaches Bild, religiös tief gefärbt – in vielen Fällen eine Mischung von Religion und Politik, von pseudoreligiösem Misstrauen gegenüber allem, was mit Staat zu tun hat. Es mag paradox erscheinen, dass Max Webers Gedanke der Entzauberung gerade das Aufkommen der Tea Party vor ungefähr zwei Jahren erläutern könnte, denn die Tea Party kann man als Versuch einer neuen Verzauberung bezeichnen, um dem Schicksal der Entzauberung zu entgehen. Die Tea Party begeistert ihre Anhänger – hauptsächlich weiße Männer mittleren Alters und Einkommens, unwissende Menschen, die sich als Bürger entmächtigt fühlen, entfremdet im eigenen, zum Teil imaginären Land sich unglücklich fühlen und die man mit neuen-alten Utopien verführt. Man vergoldet eine erfundene Vergangenheit, man verspricht ein Land wiederherzustellen, das es nie wirklich gegeben hat. Ein Land mit wenig Regierung und geringen Steuern, wo jeder seine Freiheit hat, sein Glück selbst zu schmieden, oder wo menschliches Elend selbst verschuldet ist, wo die schlechten Sitten nach so vielen dekadenten Sünden des Multikulturalismus und der *permissive society* samt Abtreibungen und neuen Eheformen endlich überwunden sind, wo jeder Bürger sein Recht mit eigener Waffe schützen kann, wo der Staat – mit Ausnahme des enormen Verteidigungsaufwands – so gut wie abgeschafft wäre. Die Tea Party hat vieles ideologisiert, die wirklichen Probleme, Wirtschaft und Welt-Unordnung, aber völlig außer Acht gelassen; für sie geht es um eine Art Kulturrevolution, friedlich, aber unamerikanisch gehässig. Es geht um ein staatsloses Glück, wo christlicher Glaube oft dazu zweckmäßig verdünnt wird.

Die amerikanischen Konflikte sind verschärft durch die gewaltige Wirtschaftskrise, auch sie verkannt, mit Arbeitslosigkeit, Schulden und sich immer weiter ausbreitender Korruption. Dazu kommen Politikverdrossenheit und das Aufkommen eines Rivalen: Das sind Aspekte der jetzigen Lage. Die verblödete Rhetorik durch Medien verbreitet, ein Grad der Gehässigkeit, den es vielleicht noch nie gegeben hat, das Liebäugeln mit Gewalt – erschreckend. Die Verhunzung der Sprache, die Einseitigkeit der Information, das ist Fox News: Die Vereinfachung, die wiederholten Unwahrheiten – führen zur gezielten Verdummung.

Nur noch kurz ein historischer Rückblick. Im Grunde geht es im Lande um nichts Geringeres als um das Erbe des New Deals von Roosevelt: Es soll in all seiner Komplexität überwunden werden.

Heute ist dieses Land tiefst gespalten und es ist schwer, die Kluft zu analysieren, zum Teil ist es weiterhin ein nur noch tiefergehender Kampf zwischen dem aufgeklärten Amerika, dem Land der Wissenschaft und des Fortschritts, und vielen Gruppen, die sich eher einer antiaufklärerischen Stimmung ergeben haben. Alte ungute amerikanische Traditionen wie Antiintellektualismus, wie biblische Orthodoxie stehen mit Fanatismus im Kampf gegen das moderne Amerika. Hier geht es um alte Kämpfe und Götter: sicher auch um die Überheblichkeit der Wissenschaftler, ganz besonders um die der Nicht-Naturwissenschaftler, hier geht es um den alten Kampf zwischen enttäuschtem Populismus und Eliten im Niedergang. All das darf man noch als kompatibel mit amerikanischer Gesellschaft bezeichnen.

Mein Eindruck aber ist, dass sich das Land in den letzten zehn oder 15 Jahren fundamental geändert hat. Es ist heute für viele Amerikaner, die noch vom amerikanischen Traum reden, mehr und mehr eine Frage einer grundlegenden Änderung, der Erfahrung der Entzauberung. Noch besteht Scheinheiligkeit, aber das Bewusstsein von tiefgreifender Korruption ist weit verbreitet. Man denke nur an den Vertrauensverlust im Lande: Das weitverbreitete Spinnennetz der Korruption, der Grad der Gier; all das wurde noch verschärft durch den von

Konservativen und Tea Party-Anhängern heute so hochgepriesenen Präsidenten Reagan mit seiner Beschwörung der «City on the Hill», dem gesegneten Land, das so wenig Regulierung wie möglich brauchte. Dann kamen Enron am Anfang des Jahrhunderts und der Skandal der gesamten Finanzbranche im Jahre 2008. Aber auch das ist nur ein Teil der Verdrossenheit: die Korruption in den Kirchen und die Unzufriedenheit in den Schulen, der Kampf um Darwins Entwicklungslehre, im politischen Leben die rasant zunehmende Macht des Geldes, die auch unsere Jugend von der res publica verscheucht hat: All das und mehr erklärt Enttäuschung, Vertrauensverlust und, vielleicht einmalig in der amerikanischen Geschichte, Ungewissheit, ja Furcht vor der Zukunft, Furcht, dass es Kindern und Enkelkindern schlechter gehen könnte als der jetzigen Generation.

Dazu kommt für alle von uns die bittere Wahrheit des verschuldeten Amerikas, auch des politisch ausgenutzten. Washington, verschrien wie selten zuvor, erlebt die Feindschaft zwischen den machtausübenden Parteien: Und die Frage taucht auf: Ist das Land noch regierbar?

Und selbst hier ist der Hintergrund noch tiefer und düsterer. Barack Obama, dieser Hoffnungsstrahl in unserem Jahrhundert, liegt in den Umfragen noch voraus, aber das verdeckt den Hass, den so viele Menschen, und nicht nur in der Tea Party, spüren. Unausgesprochen aber gegenwärtig sind das alte Laster des Rassismus, sogar erneut verstärkt durch den schwarzen Präsidenten, und die Ahnung, dass die weiße Mehrheit eine schwindende ist. Die Tea Party und ihre Unterstützer sind indessen sehr reich ausgestattet, noch nie ist eine so radikale Gruppe mit so viel Geld ausgestattet worden. Wenn man denkt, dass Demokratie gefürchtet wurde, weil die Armen die Reichen beschädigen würden, kann man nur staunen. Dass es den Reichen gelingt, die Armen zu überreden, ihre Armut hinzunehmen: Das ist die List des Mythos des freien Marktes – diese Götzenverehrung des freien Marktes, der Präsident Reagan so viel Vorschub geleistet hat, treibt das Land in eine verzweifelte Bedrängnis.

Also gleichzeitig radikale Zweifler in Amerika und Fanatiker, die sich an eine Verzauberung klammern. Wir wissen, dass die Kenntnisse von Geschichte und Wirklichkeit der Tea Party-Anhänger bescheiden sind. Dass dies leider auch zum Teil auf die andere Seite passt und durch die Medien die Verdummung des Landes allgemein zunimmt – das sind Beobachtungen, die einen an Niebuhrs Warnung von Blindheit erinnern.

Vielleicht reformiert sich das Land, vielleicht wird ein relativer Abstieg doch noch Ansporn zur größeren öffentlichen Anstrengung, so wie es der Präsident im Sinne hat, vielleicht ist es nur düster für jetzt, vielleicht verflüchtet sich die aggressive, gewaltlustige Stimmung. Nur noch ein Bedenken, das viele meiner Kollegen bestreiten: Ich fürchte, dass selbst eine Wiederwahl von Obama die innere Kluft des Landes nicht überbrücken würde, sie würde eher die weitverbreiteten Ressentiments stärken. Und trotzdem wäre eine Niederlage Obamas eine verheerende Verschärfung des amerikanischen Konflikts.

Ein Wort noch zum Ansehen Amerikas in anderen Ländern: Man weiß um die bis jetzt unumstrittene militärische Übermacht, die für die amerikanische Wirtschaft allerdings kaum zu verkraften ist. Aber jeglicher Anspruch auf moralische Überlegenheit oder demokratische Mission ist kaum mehr glaubhaft. Welche Außenpolitik kann man von einem so tief gespaltenen Land erwarten? Findet es den Weg zur Gemeinsamkeit mit unseren Alliierten in Europa, die selber in einer Krise stecken? Wie soll man die Herausforderung in Libyen beurteilen?

Führt es zu einer vorsichtigen Kooperation mit der neuen Weltmacht China, die so oft in diesem Land verteufelt wurde? Machen innenpolitische unausgetragene, ja unausgesprochene Gegensätze eine vernünftige Politik Israel und Palästina gegenüber zu schwer, beinahe unmöglich? Kann es aus Enttäuschung und Groll zu einem neuen Isolationismus kommen?

Ich wollte heute nur andeuten, dass Amerika von Ver- und Entzauberung beinahe kontinuierlich begleitet war. Lob und Verdammung existierten manchmal gleichzeitig in ein und derselben Person, innerhalb des Landes und in der Ferne. Ich will in keiner Weise den Anschein erwecken, als ob Entzauberung ein Negativum ist: Das Land so sachlich wie möglich zu sehen – ohne Scheuklappen – wäre ein Segen; oder, um Max Weber nochmals zu zitieren: «Denn Schwäche ist es: dem Schicksal der Zeit nicht in sein ernstes Antlitz blicken zu können.» Ein Land, das von seiner Tugend überzeugt ist, kann viel Böses tun und verfällt allzu leicht in die Dämonisierung eines wirklichen oder vermeintlichen Gegners. Scheinheiligkeit ist eine Droge, eine ignorante Arroganz.

Die Rolle Amerikas in Weltwirtschaft und Weltgeltung

ist reduziert, ein unvermeidlicher historischer Prozess, der aber in seiner Vielseitigkeit beunruhigt. Wie wird sich das Land, das sich dem Fortschritt verschrieben hat, mit dem eigenen Rückschritt und dem Aufstieg anderer abfinden?

Mit Recht wurde das Land des 18. Jahrhunderts – bei allen Lastern –, das Land der Unabhängigkeitserklärung, der «Federalist Papers» und der Verfassung, als ein welthistorisches Novum angesehen. Die Verfassung, wenn auch jetzt umstritten, ist ein Anker des alten aufgeklärten Landes: Können die alten Institutionen sich bei neuen Herausforderungen erhalten? Wie weit bleibt die amerikanische Demokratie beschützt von demokratischer Kultur? Eine liberal-demokratische politische Kultur ist stets gefährdet, und es gibt Zeichen, dass sich die Sitten verändern, dass das Lavieren mit Konflikt und Kompromiss ersetzt werden könnte durch ein Freund-Feind-Denken, das von einem deutschen Philosophen beschworen wurde, aber in Amerika auch seine ganz eigenen Traditionen hat.

Die noch wachsendende Kluft zwischen Arm und Reich, der Erfolg der Reichen, die Armen zu verführen, ist bestürzend; die Neigung, den Staat nur als eine gefährliche Notwendigkeit anzusehen und am liebsten als etwas Böses abzutun, wächst; der Drang zur verdeckten Plutokratie ohne genügende Begrenzungen; die eher unterdrückten Spannungen zwischen Weißen in demographischem Abstieg und der Nicht-Weißen im Aufstieg – all das kommt auf das Land zu – in einem zum Teil zufälligen Zusammenprall mit großer Plötzlichkeit und jedenfalls ohne erkennbare Notwendigkeit. Bescheidene Sachlichkeit – in unserem Zeitalter unwahrscheinlich – wäre ein guter Weg. Wir sollten uns vielleicht umso mehr bewusst sein, was das Land geleistet hat, wie sich die Flucht der Dissidenten aus Holland bewährt hat. Der heutige Aufschrei für Freiheit in der Welt hat mehr als einen Hauch vom Besten von Amerika an sich.

Und zum Schluss der Dank, den ich gegenüber dem Land, das so viele Menschen wie auch mich gerettet hat, zum Ausdruck bringen möchte – der Dank mag in einer Krise, am Bett eines Gefährdeten, besonders tief eindringen. Das Land hat etwas Großartiges an sich. Die Menschen, wenn nicht verdummt oder verführt, sind großzügig und unwahrscheinlich opferbereit. Die Geschichte ist offen. Das Fragezeichen im Titel und die Sorge um unsere Zukunft sind auch ein Zeichen der Liebe und der Hoffnung.

Über Freiheit und Exil in Heinrich Heines Welt und in der unseren

(2015)

Am 10. November 1992 bei einer Gedächtnisfeier für Willy Brandt in der Kapelle der Vereinten Nationen in New York, organisiert von österreichischen Sozialisten, zitierte ich Heinrich Heine. Als am Schluss der Feier die Orgel die Internationale spielte, kamen mir beinah die Tränen. Am Abend vorher hatte ich zufällig Heines Worte gefunden, die so gut auf Brandt passen: «Es ist eine eigene Sache mit dem Patriotismus, mit der wirklichen Vaterlandsliebe. Man kann sein Vaterland lieben, und achtzig Jahr dabei alt werden, und es nie gewusst haben; aber man muß dann auch zu Hause geblieben sein. Das Wesen des Frühlings erkennt man erst im Winter, und hinter dem Ofen dichtet man die besten Mailieder. Die Freiheitsliebe ist eine Kerkerblume und erst im Gefängnisse fühlt man den Wert der Freiheit. So beginnt die deutsche Vaterlandsliebe erst an der deutschen Grenze, vornehmlich aber beim Anblick deutschen Unglücks in der Fremde.»

Und Heine fuhr fort: «Obgedachter deutscher Patriotismus hingegen bestand in einem Hasse gegen die Franzosen, in einem Hasse gegen Zivilisation und Liberalismus.»

Erlauben Sie mir bitte zwei Geständnisse: Erstens, ich bin Historiker und kein Germanist, aber seit meiner Kindheit bin ich beladen mit der Liebe zu Heine. Und zweitens: Freiheitsliebe und Exil sind Themen, die mir nicht fremd sind; sie bewegten mein Leben. Als Kind im Nationalsozialismus war Freiheit, die verbotene, ein heißer Traum und Kerker eine tödliche Metapher. Was war der Nationalsozialismus für mich: Gebrüll und Gewalt, Angst vor den Knüppeln, vor der Folter, in deren Schatten ich aufwuchs.

Schon als Kind im Winter 1933/34 in Paris hat mein Vater mir immer wieder Heine vorgelesen und auf meinen Wunsch ganz besonders aus *Deutschland, ein Wintermärchen*. Nach Paris kamen nochmals vier Jahre in Breslau, in denen Heine eine geheime Herberge war, und es gab auch Reisen durch Europa: Frankreich, England, Dänemark, Holland und die Schweiz. In diesem Europa fand ich eine Welt, die nicht deutsch war und die mir als eine heile Welt vorkam, in der ich mich wohl fühlte.

Im Herbst 1938 kam dann der Neuanfang in den Vereinigten Staaten. Das Land selbst im Aufbruch mit Franklin Roosevelt, dem Hoffnungsträger der demokratischen Welt, der die Gefahr von Hitler-Deutschland schon 1933 erkannte, sehr viel früher als die Staatsmänner von Deutschlands Nachbarländern. Der Abschied fiel mir leicht, die Heimat war mir schon vorher enteignet, verloren. Amerika war jenes gesegnete Kind Europas, das sich damals noch in «splendid isolation» befand. Heute, bedroht von Terror, ist ein Teil der Amerikaner anscheinend bereit, ein Stück Freiheit für angebliche Sicherheit einzutauschen. Aber das Land hat auch heute noch Kraft zur Reform, zur Besinnung. Ich sehe Zeichen der Vernunft inmitten von traurigstem Verfall.

Meist bedeutet Exil die Hoffnung auf Rückkehr. Nicht für mich. Von Europa habe ich mich zwar nie getrennt, der Ozean war nicht Grenze, sondern Verbindung. Statt physischer Rückkehr gewann ich durch Freundschaften einen Ersatz für Heimat, und ich habe das Glück oder glaube es zu haben, in zwei Welten und in zwei Sprachen zu Hause zu sein.

Heinrich Heine, 1797 geboren im französisch besetzten Düsseldorf, inmitten der Französischen Revolution, in der Freiheit *(liberté)* die große Hoffnung war, wo der *code civil* die moderne Welt regeln sollte und wo der Untertan zum *citoyen* avancierte. Als Kind erlebte er die große Revolution. Das Rheinland war unter französischer Besatzung, später wurde sie von ihm als Befreiung empfunden. Ein französischer Tambour war einquartiert bei seiner Familie. Mit eigenen Augen sah er 1811 Napoleons feierlichen Einmarsch in Düsseldorf. Er hielt ihn für den Künder der Freiheit, dessen Tyrannei er allerdings verabscheute.

Er sah in ihm den selbstgekrönten Aufsteiger des neunzehnten Jahrhunderts. Kurz nach dem Erlebnis des Kaisers schrieb er seine Hymne auf ihn, die «Zwei Grenadiere», von Robert Schumann vertont und verewigt.

Napoleon, das welthistorische Genie zu Pferd, der «Idee gewordene Mensch», erschien als Vollstrecker der Revolution und verkörperte in seiner imperialen Selbstkrönung das Ende einer engen geschlossenen Ständegesellschaft, die Verheißung des freiheitlichen Aufstieges. Was war das für ein Moment! Begeisterung und Betroffenheit waren die entgegengesetzten Reaktionen. Der englische Dichter William Wordsworth rief aus «bliss was it in that dawn to be alive, but to be young was very heaven». Es war, als ob man plötzlich von Mittelalter und Pfaffentum befreit wäre, als ob die Menschen, um Kant zu zitieren, sich aus ihrer «selbstverschuldeten Unmündigkeit» befreit hätten.

Wordsworth bereute den Rausch später, wie auch viele andere, auch Deutsche, die sich am Anfang in Freude der Befreiung hingegeben hatten. Heine hingegen blieb der Trikolore treu. Für ihn war Waterloo das Ende von politischer Hoffnung, die Restauration ein elender Versuch, die Vergangenheit wiederherzustellen. Ganz Europa sei jetzt ein St. Helena, schrieb er, und Angst vor der Revolution war einziges Motiv der Regierungen der Heiligen Allianz. Es war die Zeit «der hohen Jagd gegen die liberalen Ideen, und die hohen Herrschaften sind eifriger als je, und ihre uniformierten Jäger schießen auf jedes ehrliche Herz, worin sich die liberalen Ideen geflüchtet, und es fehlt nicht an gelehrten Hunden, die das blutende Wort als gute Beute heranschleppen». Heine: ein gesegneter Poet. Wie hat er mit seinem *Buch der Lieder* das deutsche Gemüt bereichert. Nur erste Zeilen zur Erinnerung: «Ich weiß nicht, was soll es bedeuten ...» «Ich grolle nicht», «Im wunderschönen Monat Mai». Ein neuer Ton erklang in seiner «Harzreise» 1826:

«Auf die Berge will ich steigen,
Wo die dunkeln Tannen ragen,
Bäche rauschen, Vögel singen,
Und die stolzen Wolken jagen.

Lebet wohl, ihr glatten Säle!
Glatte Herren, glatte Frauen!
Auf die Berge will ich steigen,
Lachend auf euch niederschauen.»

Aber nicht nur lachend, oft spottend, verletzend, zornig. Er trauerte um die verlorene Freiheit. Die Revolution gab Juden Gleichberechtigung. Als Jude geboren, fühlte Heine sich als Außenseiter, und auch nach seiner Taufe 1824, dem berühmten «Entréebillett zur europäischen Kultur», konnte er sich nie trennen von jüdischen Themen, jüdischer Eigenart, jüdischem Witz und boshafter Selbstkarikatur. Zwischen Heine und den Antisemiten tiefste Feindschaft – und doch hätten sie ihn für ihre Sache so leicht bestehlen können.

Ein großartiger Lyriker. Aber auch ein Dichter und Denker, der sich seiner Welt stellte, der die Freiheit leidenschaftlich liebte, der Unterdrückung und Zensur hasste und der mit Witz und Häme und mit diabolischer Wut deutsche Servilität, «Schlafmützentum» und deutsche Teutomanie immer wieder anprangerte. Er empfand sich als Kind der Aufklärung und der Revolution, und schon als Jüngling fühlte er sich als Europäer. 1824 beklagte er den Tod von Lord Byron, mit dem er sich verwandt fühlte, dessen kühne Dichtung er schätzte und dessen wilde Lebensart er vielleicht beneidete. Auch Byron ging ins Exil, ein häufiges Schicksal in jener Zeit.

Heines Briefe bezeugen, wie sehr er sich als Europäer fühlte. Er wollte europäische Gedichte schreiben und reiste nach Polen, England, Holland oder Italien und verfasste die berühmten Reisebilder. Kunst und Musik, Politik, geistige Zustände, das waren seine Themen, ohne Pedanterie und bestimmt für das neue bürgerliche Publikum. Eine Fülle neuer Eindrücke, verarbeitet mit altem und breitem Wissen: Nicht umsonst war er einst Student in Göttingen gewesen und in Berlin Schüler von Hegel und August Wilhelm Schlegel. Er ging fließend und ohne Bindestrich von Idee zu Idee und sprach von «Ideenassoziation». Wie Byron und Shelley hoffte er auf eine freie, liberale Welt, in der Menschen schon auf dieser Erde glücklich sein können, adieu Entsagung und Pfaffentum.

«Ein neues Lied, ein besseres Lied,
Oh Freunde, will ich Euch dichten!:
Wir wollen hier auf Erden schon
Das Himmelreich errichten.»

Und zwar ein Reich der freien, offenen Sensualität, fort mit Lüge und Feigenblättern, mit alter christlicher Sittlichkeit. Er fühlte sich als «ein braver Soldat im Befreiungskriege der Menschlichkeit».

Heine hatte auch seine ernste, ja sogar ehrfürchtige Seite. Sein ganzes Leben lang liebte er seine Mutter Betty, die an ihn glaubte. Und Shakespeare blieb für ihn der größte aller Menschen. Zum strengen Gebieter, zum lieben Gott, hatte er wechselhafte Beziehungen; am Ende wohl Anerkennung seiner Existenz, aber auch Klage, besonders in den letzten Jahren der Matratzengruft, weil Gott ihn so leiden ließ. Auch zu seinen Zeitgenossen hatte er wechselhafte Beziehungen, manche blieben Freunde fürs Leben, wie Ense von Varnhagen und Karl Immermann. Es kam auch zum brutalen Bruch, wie mit Ludwig Börne. Er blieb seinen Feinden treu.

Er schrieb die schönsten Gedichte in herrlichem Übermut und tiefster Traurigkeit. Und traurig war er in Deutschland trotz ersten Erfolgs, trotz Vertrauens zu seinem Verleger und Streitgenossen Julius Campe. Er hatte kein sicheres Einkommen, war abhängig von seinem überreichen Onkel Salomon, und zutiefst zuwider waren ihm deutscher «Nationalservilismus» und «Schlafmützentum». Er litt unter preußischer Zensur und wusste, dass die schlimmste Form von Zensur die Selbstzensur sei; er selbst musste sie einsetzen. (In der heutigen Welt sollten wir uns an schlimme Selbstzensur erinnern.) Wie konnte er die deutsche Welt und ihre sentimentale Prüderie und Scheinheiligkeit geißeln. Immer wieder dachte er an Exil, obwohl er wusste: Das Deutsche «ist mir wie dem Fisch das Wasser».

Dann unerwartet die Nachricht der Revolution in Paris im Juli 1830, als in drei Tagen der Unterdrücker Karl X. verjagt wurde und wo, mit Hilfe des alten Helden der Liberalen, des Marquis de Lafayette, Louis Philippe, der Bürgerkönig, den Thron bestieg. Alte Kindheitsgefühle kamen hoch, in Paris Triumph und zu Hause: «Sämtliche sechsunddreißig deutsche Könige verloren den Kopf und ich bekam endlich Furcht vor diesen kopflosen Gespenstern.» Es zog ihn nach Paris, der damaligen Hauptstadt europäischer Kultur.

Nun gab er andere Hoffnungen auf, wie die auf eine bayrische Professur. In Paris wollte er sich für ein besseres Verständnis zwischen Franzosen und Deutschen einsetzen, ein besseres Bild von deutschem Leben entwerfen, als es dasjenige Mme de Staëls war. Den deutschen Patrioten rief er zu: «Beruhigt euch, ich liebe das Vaterland ebenso sehr wie ihr. Wegen dieser Liebe habe ich dreizehn Lebensjahre im Exil verlebt, und wegen eben dieser Liebe kehre ich wieder zurück ins Exil, vielleicht für immer, jedenfalls ohne zu flennen oder eine schiefmäulige Duldergrimasse zu schneiden.» 1835 wurden seine Bücher in Preußen, also in dem für ihn größten literarischen Raum, verboten.

Heine schrieb damals eifrig für die «Augsburger Allgemeine», Deutschlands beste Zeitung, und mit derselben Leichtigkeit für die besten französischen Journale. In Paris erhielt er auch eine kleine ständige Pension als Flüchtling. Als dies 1848 bekannt wurde, schimpften Deutsche auf das, was sie als Verrätertum witterten, vielleicht für uns heute ein Hinweis zur Behandlung von Exilanten.

Um die Revolution von 1848 entwickelte er eine tiefe Abscheu vor dem Kommunismus, in dem er den Niedergang sämtlicher Kultur erahnte. Aber er teilte auch die Enttäuschung nach der Revolution mit Balzac, Stendhal und anderen: dass Geld und nicht der Geist die Welt regierte. Er besaß allerdings auch enge Beziehungen zu dieser neuen Welt, zu dem Größten unter ihnen, zu James de Rothschild, mit dem er freudig verkehrte, der ihn immer «famillionär» behandelte. Aber er sah auch die Schattenseite des «Überreichtums», die ständige Verbindung mit armen, gepeinigten Menschen und daher sein

Schluss: «Überreichtum ist vielleicht schwerer zu ertragen als Armut.» Eine Bemerkung, die vielleicht ein Echo fand in Nietzsches Warnung 1873, dass «ein großer Sieg eine große Gefahr» sei.

Überreichtum: Das galt auch für Heine. Er sah so viel, er ahnte noch mehr. Er ahnte etwas von der deutschen Zukunft, er hatte ein Gespür für die unvollendete Nation, in der später als anderswo eine große Revolution ausbrechen würde. «Der Gedanke geht der Tat voraus, wie der Blitz dem Donner. Der deutsche Donner ist freilich auch ein Deutscher und ist nicht sehr gelenkig, und kommt etwas langsam herangerollt; aber kommen wird er, und wenn Ihr es einst krachen hört, wie es noch niemals in der Weltgeschichte gekracht hat, so wißt: der deutsche Donner hat endlich sein Ziel erreicht. Bei diesem Geräusche werden die Adler aus der Luft tot niederfallen, und die Löwen in der fernsten Wüste Afrikas werden die Schwänze einkneifen, und sich in ihren königlichen Höhlen verkriechen. Es wird ein Stück aufgeführt werden in Deutschland, wogegen die französische Revolution nur wie eine harmlose Idylle erscheinen möchte.»

Für deutsche Philister und brave Bürger war Heine ein großes Ärgernis, der lästernde, zerstörerische, zersetzende Jude, der die Heiligtümer des Christentums mit Ironie überschüttete. Der Historiker Heinrich von Treitschke hasste ihn, und mit ihm begannen Jahrzehnte der Verleumdung. Nur Nietzsche hat ihn verstanden. «Den höchsten Begriff vom Lyriker hat mir Heinrich Heine gegeben. Ich suche umsonst in allen Reichen der Jahrtausende nach einer gleich süßen und leidenschaftlichen Musik. Er besaß jene göttliche Bosheit, ohne die ich mir das Vollkommne nicht zu denken vermag. ... Und wie er das Deutsche handhabt! Man wird einmal sagen, daß Heine und ich bei weitem die ersten Artisten der deutschen Sprache gewesen sind – in einer unausrechenbaren Entfernung von Allem, was bloße Deutsche mit ihr gemacht haben.» Heine und Nietzsche, die besten Psychologen.

Der Höhepunkt des deutschen Hasses auf Heine war das «Dritte Reich». Gleich zu Anfang bei der Bücherverbrennung vom 10. Mai 1933 warfen Professoren und Studenten unbeliebte Werke mit Jubel in den Scheiterhaufen, und Heine, Marx und Freud wurden den Flammen überlassen. Bei einer Verbrennung am 24. Juni 1933 in Freiburg rief der Rektor der Universität, Martin Heidegger: «Flamme künde uns, leuchte uns, zeig uns den Weg, von dem es kein Zurück mehr gibt.» Nur Friedrich Nietzsche haben die Nazis noch schamloser behandelt: Sie wollten ihn als Zeugen ihres Geistes missbrauchen.

Heine empfand sich als europäischer Kämpfer für die Emanzipation der Menschheit, und als solcher und in seiner Freiheitsliebe kann man eine wirkliche Verwandtschaft mit Willy Brandt sehen. Brandt erlebte die fürchterlichste Form von Kerker, den Nationalsozialismus. Auf Wunsch seiner Partei, der Sozialistischen Arbeiterpartei, begab er sich 1933 unter gefährlichen Umständen ins norwegische Exil. Die SAP war jene Splitterpartei, besonders stark in Breslau, zwischen einer SPD, die sich fatal in Tolerierungspolitik und Passivität befand, und der KPD, die sich der verbrecherischen stalinistischen Diktatur beugte.

In Norwegen lebte Brandt im Schatten der Wirklichkeit, befasst mit sogenannter illegaler Arbeit, sogar kurz zurückkehrend nach Deutschland, im Untergrund im Winter 1936/37, um den ehemaligen Genossen in ihrer Gefahr zu helfen. Im Exil und in seiner Armut musste er seinen Lebensunterhalt als Journalist für norwegische, sozialistische Zeitungen bestreiten. Schon im Exil war es ihm ein innerstes Anliegen, den Menschen klarzumachen, dass Hitler nicht Deutschland war und dass englischer Hass auf Deutschland ein welthistorischer Fehler wäre. Im Exil hat er auch etwas vom skandinavischen Pragmatismus aufgenommen und das Doktrinäre verworfen. 1945 fuhr er wieder in das besetzte Deutschland, um für skandinavische Zeitungen über die Nürnberger Kriegsverbrecherprozesse zu berichten. Der ganze Schrecken des Nazismus, der Schrecken, den Deutsche in Deutschland und überall in Europa organisierten – von ihm wusste er, und er beschrieb ihn in seinem 1946 erschienenen Buch *Verbrecher und andere Deutsche. Ein Bericht aus Deutschland*: «Besondere Umstände (haben die Deutschen) zu Werkzeugen – und Opfern – des Nazismus werden lassen.»

Das Buch des jungen Brandt ist ein verblüffendes Testament von Bescheidenheit und Fairness, von Vernunft und Ehrlichkeit. Und von leisem Humor: Er schrieb, er hasste Ruinen, die jünger sind als hundert Jahre. Er war ein wirklicher Patriot, ein Realist, der seine Vision in Wirklichkeit verwandeln konnte. Ein großer Deutscher und ein großer Europäer. Aber auch Brandt war für seine Zeit ein deutsches Ärgernis, ein Opfer trauriger Verleumdung, und doch war er ein Segen für die zweite deutsche Republik.

Was für Heine die drei Tage im Juli 1830 in Paris waren, das sind für uns die letzten drei Monate von 1989, als die Bürger in Leipzig mutig und friedlich demonstrierten und ihre Freiheit verlangten, als die Menschen in Osteuropa ihre eigene Selbstbefreiung erfochten. Das ist unser Vermächtnis. Das war das glückliche Ende des «langen Weges nach Westen». Im Sinne von Heinrich Heine und Willy Brandt gilt es, diesen Westen zu erhalten und zu verbessern. Das ist unsere Aufgabe.

Einstein in verkannter Einsamkeit

Das Leben Albert Einsteins als Lehrstück der Geschichte

(2005)

Es ist für mich eine große Ehre, das Einstein-Jahr hier mit Ihnen bei der Deutschen Physikalischen Gesellschaft mitzufeiern, zugleich ist es aber auch für mich eine etwas unheimliche Herausforderung. Das Einstein-Jahr würdigt das Werk eines 26-jährigen Genies, das das bestehende Weltbild revolutionierte. Dieses Genie gehört Ihnen, gehört den Dienern im Tempel der Wissenschaft, um ein Wort Einsteins bei Max Plancks 60. Geburtstag aufzugreifen. Einsteins Wirken im öffentlichen Leben, seine Empfindungen und Äußerungen als entfremdeter Deutscher und ungewisser Weltbürger sind ein Lehrstück der Geschichte. Dies mag uns Historiker berechtigen, sich mit Einstein zu beschäftigen. Allein der Wechsel in der Bewertung seiner Person ist auch ein Lehrstück der Geschichte, wenn auch nicht immer gerade ein ermutigendes.

Ich weiß recht genau, wie Einstein selbst über Wissenschaft und Geschichtsstudium dachte. Als 18-jähriger Student hatte ich das Glück, ihn zu treffen. Auf seine Frage, was ich denn studiere, gestand ich Unentschlossenheit, ob ich mit dem medizinischen Studium – eine Art Erbschaft, da Vater, zwei Großväter und vier Urgroßväter Mediziner waren – fortfahren oder meiner Leidenschaft folgen und zu Geschichte und Literatur umsatteln sollte. Seine Antwort kam spontan: Das sei doch einfach: Medizin ist Wissenschaft, Geschichte ist es nicht, also Medizin. Ich bin seinem Rat nicht gefolgt und glaube auch heute noch nicht, dass Medizin *nur* Wissenschaft sei, und hoffe, dass das Studium der Geschichte nicht ganz des wissenschaftlichen Ethos entbehrt. Sie mögen es am heutigen Tage bedauern, dass ich Einsteins Rat nicht gefolgt bin. Ich muss aber gestehen, dass ich in meinem Beruf mit großer Freude viel gelernt habe und diesen Gewinn dankbar empfinde. Zumal mein Versuch, mich mit dem Leben großer deutscher Naturwissenschaftler zu befassen, mich ungeheuer gefesselt hat. Ich habe in Archiven gewühlt und empfand Ansporn, da mir das wissenschaftliche Umfeld aus meiner Kindheit noch bekannt war, bin ich doch mit den Namen elterlicher Freunde wie Fritz Haber, Richard Willstätter, James Franck und Otto Stern aufgewachsen.

Einstein hat Glanz und Elend deutscher Geschichte erlebt und erlitten. Zur Zeit Einsteins war Deutschland die Verheißung der Welt, und später ihre Heimsuchung – das Land, das entscheidenden Einfluss auf die Weltpolitik hatte, und in dem für einen Augenblick, der ein Leben lang zu währen schien, sich das moralische Drama unserer Zeit abspielte. Albert Einstein war Mitgestalter und später Opfer dieses Dramas. Er war ein Mann voller Widersprüche in einem Land von Widersprüchen.

Als 15-jähriger hat er Deutschland verlassen. Die Motive waren ganz sicher verschiedene, aber mit seinem Weggang vermied er die deutsche Wehrpflicht – es ist auch schwer, sich Einstein im Feldgrau vorzustellen. In der Schweiz mag er sich am ehesten zu Hause gefühlt haben – wo er die liberale Atmosphäre genoss, und wo er seine Sprache, die er lebenslang pflegte und wie wenige beherrschte, beibehalten konnte. Er empfand eine Abneigung gegen das kaiserliche Deutschland mit seinem Prunk und seiner Arroganz. Die vielgepriesene Schneidigkeit lag ihm nicht – und der Militarismus schon gar nicht. Zeit seines Lebens hegte er größtes Misstrauen gegenüber Macht, und das kaiserliche Deutschland war machtbetont. Später sprach er oft von seiner Macht-Religion. Er passte einfach nicht in die Welt von Kaiser Wilhelm, dieser Unglücksfigur in der deutschen Geschichte mit seinem Anspruch auf Gottesgnadentum. Als junger Mann war Einstein bereits überzeugt, dass «Autoritätsdusel… der größte Feind der Wahrheit» sei. Und der Kampf um die Wahrheit war das Hauptanliegen seines Lebens. Und dieser Kampf ist ein permanenter – gerade auch in Zeiten der Einschüchterung, wie sie heute von vielen Seiten betrieben wird.

Es war kein Zufall, dass Max Planck als erster die Bedeutung des Unbekannten erkannte und dass Einsteins erste Abhandlungen in den *Annalen der Physik* erschienen. Und es war auch kein Zufall, dass Planck und Walther Nernst ihn mit einem einmaligen Angebot nach Berlin locken wollten. In jenen Vorkriegsjahren war Berlin das Mekka der Wissenschaft, Deutschland das aufstrebende Land Europas. Diese Zeit erscheint mir als die zweite deutsche Geniezeit – die erste war das Aufblühen deutscher Kultur am Ende des 18. Jahrhunderts. Es war auch Deutschlands erste große Chance, das führende Land in Europa zu werden.

Einstein kam nach Berlin im April 1914 und zwar, wie er oft betonte, mit einem «Unbehagen», trotz der Aussicht auf enge Zusammenarbeit mit großen Kollegen, wie mit Planck, mit dem Einstein überdies gemeinsam musizierte, was ihm viel Freude bereitete. Das Unbehagen hatte seine guten Gründe, wenn es auch nicht leicht ist, diese zu erklären. Ich schlage einen Umweg ein: Manches bei Einstein erinnert an einen seiner Lieblingsdichter, an Heinrich Heine. Ein deutscher Jude wie er, der sein Leben im Exil verbringen musste, wie Einstein später auch. Vor kurzem stieß ich auf Heines Bemerkungen über deutsches Leben, die er 1854, kurz vor seinem Tode, verfasste. Ich weiß nicht, ob Einstein sie gekannt hat, ich bin sicher, er hätte sie als eine erfrischende Bosheit empfunden: «Charakteristisch ist es, dass unsern deutschen Schelmen immer eine gewisse Sentimentalität anklebt. Sie sind keine kalten Verstandesspitzbuben, sondern Schufte von Gefühl. Sie haben Gemüth, sie nehmen den wärmsten Antheil an dem Schicksal derer, die sie bestohlen … Sogar unsere vornehmen Industrieritter sind nicht blosse Egoisten, die nur für sich stehlen, sondern sie wollen den schnöden Mammon erwerben, um Gutes zu thun … in den Freistunden, wo sie nicht von ihren Berufsgeschäften … in Anspruch genommen werden, beschützen sie Pianisten und Journalisten, und unter der buntgestickten, in allen Farben des Iris schillernden Weste trägt mancher auch ein Herz, und in dem Herzen den nagenden Bandwurm des Weltschmerzes.» So brilliant, klar und präzise konnte auch Einstein formulieren und sich ausdrücken. Kein Wunder, dass viele Deutsche beide Männer als großes Ärgernis empfanden. Einstein hat ähnlich scharf und bitter über deutsche Kollegen gelästert, lange vor 1933, sogar über Freunde. In einem Brief 1914 an seine Geliebte schrieb er über Fritz Haber, seinen väterlichen Freund (und meinen Patenonkel), «dass dieser sonst so prächtige Mensch persönlicher Eitelkeit verfallen ist ... das entspricht Berliner Art ... Wenn diese Leute mit Franzosen und Engländern zusammen sind, welcher Unterschied! Wie roh und primitiv sind sie. Eitelkeit ohne echtes Selbstgefühl, Civilisation: schön geputzte Zähne, elegante Kravatte, geschniegelter Schnauz, tadelloser Anzug, aber keine persönliche Kultur.» War Einsteins so sorgfältig gepflegte Unkonventionalitat in seiner Erscheinung seine Antwort auf die konforme bürgerliche Existenz?

Er kam nach Berlin als erfahrener Europäer: Er hatte für kurze Zeit in Italien gelebt, in der Schweiz hat er sich am wohlsten gefühlt, und die Schweizer Staatsbürgerschaft schätzte er besonders. Er hat in Prag gelehrt und Paris besucht, und seinen ersten wissenschaftlichen Auftritt erlebte er in Brüssel 1911. Engstirniger Nationalismus war ihm fremd, er stolperte ins Weltbürgertum ehe er es als politische Notwendigkeit erkannte. Vor dem ersten Weltkrieg spürte er wohl nur *eine* Bindung – zu Juden, zu seinen Stammesgenossen, wie er sie mit einer Art Distanz bezeichnete. In Russland z. B. wurden Juden damals verfolgt, und in Deutschland hatten es junge Juden aus Osteuropa verdammt schwer. Einstein hatte stets eine besondere Neigung zu Mitleid, spontane Sympathie für den ungerecht Zurückgesetzten. Mitleid für die Opfer der Gesellschaft – dies hat sein öffentliches Leben und Wirken geprägt.

Der Ruf nach Berlin mit seinen einmaligen Bedingungen war unwiderstehlich – und geheime Liebe bestärkte den Reiz. Er wurde bezahltes Mitglied der Preussischen Akademie der Wissenschaften ohne Berufsverpflichtungen, einem permanenten Sabbatical ähnlich. In seinem Akzeptanzbrief schrieb er: «Wenn ich daran denke, dass mir jeder Arbeitstag die Schwäche meines Denkens darthut, kann ich die hohe mir zugedachte Auszeichnung nur mit einer gewissen Bangigkeit hinnehmen. Es hat mich aber der Gedanke zur Annahme der Wahl ermutigt, dass von einem Menschen nichts anderes erwartet werden kann, als dass er seine ganze Kraft einer guten Sache widmet; und dazu fühle ich mich wirklich befähigt.» Würden heute viele unserer Kollegen in Universitätskreisen sich so ehrlich beschreiben? Vielleicht ist dazu wirklich nur ein Genie berufen. 1948, als ihn ein einzigartiger Weltruhm umgab, schrieb er an einen Freund: «Übrigens weiss ich ganz genau, dass ich selber gar keine besondere Begabung habe. Nur Neugier, Besessenheit und sture Ausdauer.»

Bei aller Kritik blieb Einstein sein Leben lang mit Deutschland tief verbunden – im Guten wie im Bösen. Allein die Sprache, die er mit konziser, eleganter Klarheit beherrschte, markierte tägliche Erinnerung. Einstein bezeichnete sich als Einspänner, liebäugelte mit der Position eines Leuchtturmwärters, wobei die symbolische Bedeutung ihm vielleicht nicht klar war: Er war doch die Quelle von Licht über ungewissem Raum, aber Einstein wusste, was Gemeinschaft und Kollegialität, was das «wir» bedeutete. Das Böse, das er in Deutschland in gleichem Maße beobachtete und persönlich erfuhr, ließ ihn das Gute nie vergessen; noch im Exil, trotz allen Hasses auf Hitlers Deutschland, erinnerte er sich an seine Berliner Zeit, die ihm soviel Gewinn gebracht hatte. Nur hier konnte er sein Grübeln vollenden. Er blieb dem Andenken an diese Zeit mit Planck und Laue treu: Er wusste, was er ihnen verdankte. Aus Amerika schrieb er an seinen Duz-Freund Max von Laue: «Lieber alter Kamerad ... ich denke oft, dass der kleine Kreis von Menschen, der früher harmonisch verbunden war, wirklich einzigartig gewesen ist, und in dieser menschlichen Sauberkeit kaum mehr von mir angetroffen worden ist.» Das sind deutsche Gefühle, die hier zum Ausdruck kamen. Vielleicht – verzeihen Sie die gewagte Übertreibung – war er im guten Sinne deutscher als die meisten Deutschen.

Kaum angekommen in Berlin, tief versunken in Arbeit und Familienjammer, der Politik eher fremd, erlebte Einstein den Ausbruch des Weltkriegs: Für ihn eine unbegreifliche Tragödie, ein Elend für Europa – und zugleich musste er die deutsche Begeisterung vom August 1914 miterleben, musste zusehen, wie Freunde und Spitzen deutscher Wissenschaft sich zu dem Aufruf der 93er bekannten, diesem einzigartigen Loblied auf deutsche Unschuld und auf die deutsche Synthese von Kultur und Macht – ein Loblied, das neutrale Geister, für die es bestimmt war, verstörte. Dieses Aufbrausen nationaler Gefühle war für Einstein unfassbar. Aber es gab ihn wirklich, diesen Rausch von 1914, dem die geistige Elite, auch gerade an der Berliner Universität verfiel. Ein Ausbruch der Begeisterung, Krieg als Ende eines faulen Friedens, Krieg als gesegnete Opferbereitschaft für Gott und Volk, Sterben als Erlösung und Erhöhung. Der Krieg war politisches Ur-Erlebnis, wie überhaupt die Menschen Europas damals erlebten, dass Politik Schicksal ist, dass die Ereignisse im Öffentlichen das Private überschatten und auch zerstören können. Bereits 1914 stieß er zu einer kleinen Gruppe von Kriegsgegnern, die den «Bund Neues Vaterland» gründeten, in der Hoffnung auf einen baldigen Frieden. Der Bund wurde zwei Jahre später verboten, 1922 wurde er neu gegründet als «Deutsche Liga für Menschenrechte». Einige der Begeisterten von 1914 erschraken über Kriegsführung und imperialistische Kriegsziele, über das sich Anklammern an einen Siegfrieden, der dem Grauen kein Ende setzte, und die Bereitschaft, immer mehr Menschen Tod und Verstümmelung auszusetzen. Sie wurden zu einer wichtigen Gruppe von Moderaten, Menschen, die den Mut zur Selbstüberwindung hatten und für einen Vernunftfrieden plädierten. Max Planck gehörte zu ihnen, wie auch Ernst Troeltsch, einer der eindrucksvollsten dieser Moderaten, der noch während des Krieges Kontakt mit Einstein aufnahm.

Einstein war voller Hoffnung, als das Kaiserreich, das sein eigenes Ende durch imperialistische Unvernunft heraufbeschworen hatte, zusammenbrach und Deutschland, so glaubte er nun, von Machtreligion und Kadavergehorsam befreit war. Es war aber nur eine allzu kurze

Zeit der Freude an einem neuen Deutschland, bis er im eigenen Leben spürte, wie sehr das alte Deutschland, aufgepeitscht durch Dolchstoß-Lügen, sich an der neuen Republik rächen wollte. Er war sich bewusst, wie Lüge und rohe Gewalt zusammentreffen, der Mord an Rathenau hat ihn aufs Tiefste getroffen. Auch er war als Opfer rechtsradikaler Nationalisten ausgespäht.

Ein Jahr später (1919) bestätigte die in Brasilien und Afrika beobachtete Sonnenfinsternis Einsteins Relativitätstheorie. Er selbst empfand es schlicht als eine «Gnade des Schicksals», dass er dies erleben durfte. Die Folgen waren allerdings unvorsehbar und nicht nur gnadenvoll. Er wurde unmittelbar und weltweit mit Ruhm überhäuft. Er wurde zum ersten Held der Wissenschaft in der modernen Geschichte erkoren. Es war jedoch kein Zufall, dass Einstein, ein Unbekannter von unbestimmter Nationalität, Zivilist und Kriegsgegner, gerade in diesem Moment zu einer Leitfigur der Menschheit wurde. Nach dem Weltkrieg waren die alten Helden, die Würdenträger in Staat und Kirche, die Stützen der Gesellschaft verbraucht und verunsichert. Er kam zur richtigen Zeit auf die Bühne.

Mit dem Ruhm kamen Versuchung und Verantwortung. Er wurde Zielscheibe von entrüsteten Kollegen, von Physikern wie Philipp Lenard und Johannes Stark, die ihn bereits 1920 und 1922 bei Veranstaltungen ihrer Gesellschaft angriffen, mit einem klaren antisemitischen Unterton. Für viele Deutsch-Nationale und rechtsstehende Fanatiker wurde er zum Erzfeind. Und er ließ sich vom Pöbel zur Polemik verführen. Einstein empfand seinen

Ruhm als Verpflichtung, als Chance, Menschen für seine philosopisch-politische Hoffnung auf soziale Gerechtigkeit, Friede und Anstand zu gewinnen. Seine Anliegen erschienen vielen deutschen Kollegen und der deutschen Öffentlichkeit eher als übles, beinah verräterisches Ärgernis – und auch viele seiner Freunde wünschten sich von ihm mehr Zurückhaltung. Der Krieg machte ihn zum Beschwörer des Friedens, schließlich zum militanten Pazifisten, wie er selbst sagte. Er wollte der Völkerverständigung dienen, wollte Versöhnung mit Deutschlands ehemaligen Feinden, obwohl auch er 1919 von der Revanche-Politik der Allierten tief enttäuscht war, und fürchtete, dass auch ihre Führer vom nationalen Wahn angesteckt waren. Und gleichzeitig gab er gegenüber Hendrick Lorentz, seinem holländischen Freund und Vorbild, zu, dass der Wunsch von allierter Seite, deutsche Wissenschaftler aus der internationalen Gemeinschaft auf Zeit auszuschließen, für diese eine nützliche «Schule der Bescheidenheit» bedeuten könnte.

Wissenschaft blieb Zentrum seines Lebens, aber er wollte seinen Ruhm in den Dienst politisch-sittlicher Anliegen stellen. Sein Name als Mitträger einer Aktion hatte großen Wert, eine gewisse leichtfertige Generosität von seiner Seite barg aber auch die Gefahr der Abwertung. Er fühlte sich den «philosophes» des 18. Jahrhunderts, den Denkern der Aufklärung, verwandt und verpflichtet; sein Bekenntnis zum Weltbürgertum war eigene Erfahrung, nun zum Prinzip erhoben.

Einsteins viele Auslandsreisen dienten der Völkerversöhnung und wurden vom Auswärtigen Amt in der Wilhelmstraße begrüßt. Er wurde der am meisten angesehene Repräsentant deutscher Wissenschaft im Ausland. Für ihn selber war das Gedeihen einer jüdischen Heimat in Palästina Hauptanliegen; er bemühte sich ganz besonders um die Errichtung der Hebrew University in Jerusalem 1923, dessen Schutzengel er blieb, wenn auch oft ein unbequemer. Er war Pazifist und Anwalt der Menschenrechte, Fürsprecher sozialer Gerechtigkeit.

Eine Randbemerkung über die Quellen unserer Erkenntnis: Einstein drückt sich am klarsten aus in spontanen Äußerungen, in unmittelbaren Reaktionen, die meist in Briefen wiedergegeben sind: Hier sprudelt der Geist nur so. Seine formellen Abhandlungen erscheinen mir dagegen eher etwas gezwungen, er versucht die Tiefe, die er ahnt, zu erklären, und da mögen seine Ausführungen gelegentlich als schwer verständlich oder auch als naiv erscheinen. Tief empfunden ist das Verlangen nach Wahrheit – gerade auch was Wahrheit in der deutschen Politik betrifft. Er hat schon 1919 begriffen, welches Unheil deutsches Verschweigen und Verzerren der Vergangenheit anrichteten. An einen Freund schrieb er 1950: «Das Streben nach Wahrheit ist etwas, das die Religion der Väter wirklich ersetzen kann.» Das mag für postmoderne Ohren verdächtig klingen: *Streben* aber ist eindeutig und bedingt den Kampf gegen vorherrschende Lügen, gegen vorgeschriebene Orthodoxie.

Dieses Streben hat seinen öffentlichen Auftritt mitbestimmt. Bemerkenswert war seine Bereitschaft zum Umdenken, auch zur Kritik, diese übte er gerade an Haltungen, die ihm am nächsten standen. Sein Einsatz für Juden in Palästina z. B. war eindeutig, seine Kritik in Briefen und gelegentlich in der Öffentlichkeit verblüffend hart. 1919 schrieb er an Paul Ehrenfest: «Am meisten freut mich die Realisierung des jüdischen Staates in Palästina. Es kommt mir vor, dass unsere Stammesgenossen doch sympathischer sind (zum mindestens weniger brutal) als diese scheusslichen Europäer.» Sein Besuch in Jerusalem hat ihn tief bewegt, und dann in den späteren 20er Jahren die scharfen Warnungen an Chaim Weizmann, Freund, Chemiker und Hauptvertreter des Zionismus, über die Gefahren eines jüdischen Nationalismus «à la prussienne», immer wieder sein Verlangen nach Rücksichtnahme auf die Lebensinteressen der Araber, ohne dies würde die zionistische Sache zerbrechen. Einem Freund schreibt er im Januar 1947: «Für Palästina haben wir unvernünftige und nicht gerechte Forderungen vertreten, unter dem Einfluss von Demagogen und sonstigen Maulhelden. Unsere Ohnmacht ist schlimm, wenn wir Macht hätten, wärs vielleicht noch schlimmer.» Er fürchtete den «blödsinnigen Nationalismus und Rassenfimmel», den man den andern nachmacht «nach einer beispiellosen Schule des Leidens». Der deutsche Mord an den Juden war für ihn der unfassbare Schluss dieser Schule des Leidens. Aber trotz aller Bedenken und kontinuierlicher Kritik hat er sich stets für den Staat Israel eingesetzt. Und nach Weizmanns Tode 1952 wurde er gebeten, das Amt des Präsidenten anzunehmen. Er blieb in Princeton, einsam und voller Sorgen.

Er war sich des Bösen im Menschen bewusst – und trotzdem glaubte er, dass man aus diesem krummen Holz etwas Richtiges erreichen könnte. Unmittelbar nach dem Kriege, 1919, schrieb er an Jean Perrin, seinen französischen Kollegen: «Aber nun geht mein Fürchten weiter, indem nach meiner Meinung auf jedem Acker neben dem guten Getreide giftiges Unkraut wachsen kann, wenn es die *Umstände* begünstigen; ich glaube an denen liegt es mehr als an dem Boden.» Mir erscheint dies als der knappste Hinweis auf sein Streben: Die Umstände sind entscheidend in Wechselbeziehungen zwischen Gutem und Bösem. Einstein stand «diesseits von Gut und Bösem», bemüht eben die Umstände zu ändern, immer und immer wieder durch Aufklärung und Erziehung zur Wahrheit, um damit das «giftige Unkraut» zu entkräften.

Die Nationalsozialisten hassten Einstein. Er war ihr Feind schlechthin: Jude, Pazifist, linker Streiter für Vernunft und Volkerversöhnung – ein Verräter. Als Einstein 1933 im Ausland die Nazis öffentlich attackierte, wurde er ausgebürgert, enteignet, seine Bücher wurden verbrannt. Solange er in Europa blieb, bangte seine Frau um sein Leben.

Schon Anfang der 20er Jahre erkannte Einstein im Nationalsozialismus das Aufbrausen von Hass und Gewalt, den Willen zu Krieg und Zerstörung. Nachdem im Januar 1933 die so genannten Konservativen um Hindenburg Hitler die Macht übergeben hatten, setzte Einstein den Nationalsozialismus mit Deutschland gleich. Er blieb sich treu und versuchte bereits im Frühjahr 1933, die Welt von den Gefahren, die durch Hitler drohten, zu überzeugen. Ihm opferte er sogar seinen Pazifismus und – zum Unmut amerikanischer Pazifisten – verlangte er, gegen Hitler aufzurüsten. Gleichzeitig sah er mit Schrecken, wie die deutsche Geisteselite sich um Hitler scharte, ihn als Führer und Retter verherrlichte und daher das Verstoßen jüdischer und nicht-arischer Kollegen hinnahm – viele mit Zustimmung, nur wenige versuchten die Ehre der Universitäten zu retten, zu einer Zeit, wo das Regime selbst noch einzuschüchtern war, hätte Protest Wirkung zeigen können. Der Protest blieb aus, und das Schweigen ermutigte die Nazis zu immer größerer Radikalität.

Seinem Freund Haber, der als ehemaliger Frontsoldat im Amt hätte bleiben können, aber freiwillig und verzweifelt aus diesem schied, um nicht seine jüdischen Kollegen entlassen zu müssen, schrieb Einstein einen sehr verletzenden Brief: «Ich freue mich sehr, ... dass Ihre frühere Liebe zur blonden Bestie ein bisschen abgekühlt ist ... Hoffentlich gehen Sie nicht nach Deutschland zurück. Es ist doch kein Geschäft, für eine Intelligenzschicht zu arbeiten, die aus Männern besteht, die vor gemeinen Verbrechern auf dem Bauche liegen und sogar bis zu einem gewissen Grade mit diesen Verbrechern sympathisieren. Mich haben sie nicht enttäuschen können, denn ich hatte für sie niemals Achtung und Sympathie ...» Der gütige Einstein, der schon 1914 bemerkte, dass Leute ihn irrtümlich als einen Heiligen betrachteten, konnte Menschen aufs tiefste verwunden – wenn auch größte Hilfsbereitschaft sein Leben bestimmte. Er konnte Deutschland nicht vergeben, diesem Land von «Massenmördern»: Als James Franck, auch Emigrant in den USA, im Winter 1945 einen Appell an Amerikaner plante, um die besiegten Deutschen vor Hunger zu bewahren, warnte ihn sein Freund Einstein, er würde diesen Versuch mit aller Heftigkeit bekämpfen. Franck wiederum beteuerte, dass das Verwerfen von Moral in der Politik den wirklichen Sieg der Nazis bedeuten würde.

Einstein hat nur den Anfang der Bundesrepublik erlebt; er hat sämtliche ihm angebotenen Ehrungen abgelehnt. Es wäre vermessen zu spekulieren, ob er später zum Umdenken bereit gewesen wäre – nur glaube ich, man darf vermuten, dass er den Mut zur Selbstbefreiung in der DDR im Herbst 1989 begrüßt hätte: Leipzig am 9. Oktober hätte ihn beeindruckt.

Er starb vor 50 Jahren – mehr in Sorge als Hoffnung. Auch die Vereinigten Staaten sah er am Ende mit großem Misstrauen, wie auch die rechts-radikalen Kräfte ihn als Feind betrachteten. Nach Hiroshima war er ein noch eindringlicherer Mahner, dass Wissenschaftler ihre eigene große Verantwortung tragen müssten. Machtbesessenheit war ihm verhasst, sein Verlangen nach einer Weltregierung fiel auf taube Ohren, seine Zusammenarbeit mit Kollegen für eine vernünftige Nuklear-Politik hatte kaum Erfolg. McCarthys Amerika sah er mit deutschen Augen und unterschätzte die Gegenwehr im Lande.

Aber trotz aller Enttäuschungen hat Einstein sich menschlicher Größe nie verschlossen. Erlauben Sie mir aus der handschriftlichen, mühsam korrigierten Fassung von seinem Beitrag zur Gedenkfeier von Max Planck im Jahr 1947 zu zitieren: «Wem es vergönnt war der Menschheit einen großen schöpferischen Gedanken zu schenken, der hat es nicht nötig, von der Nachwelt gepriesen zu werden. Denn ihm ward Höheres zu teil durch eine eigene That.

Und doch ist es gut, ja sogar nötig, dass sich hier an diesem Tage Abgesandte der nach Wahrheit und Erkenntnis strebenden Forscher aus allen Teilen der Erde vereinigen. Sie legen Zeugnis dafür ab, dass auch in diesen Zeiten, in denen politische Leidenschaft und rohe Gewalt so große Sorgen und Leiden über die Menschen verhängen, das Ideal des Erkennens unvermindert hoch gehalten wird. Dies Ideal, das von jeher die Forschenden aller Nationen und Zeiten eng verbunden hat, war in Max Planck in seltener Vollkommenheit verkörpert.»

Der Geist dieses Nachrufs mag Sie in Ihrer Wissenschaft begleiten. Für Ihre Arbeit wünsche ich Ihnen Neugier, Kraft, Ausdauer und Glück, für Ihr menschlich-politisches Leben wünsche ich Ihnen Mut zum Einsatz für Anstand.

Betrachtungen zur deutschen Wiedervereinigung

(1990)

An den Anfang möchte ich zwei Motti stellen. Das erste stammt aus Freuds *Unbehagen in der Kultur*: «Ein großer Dichter darf sich gestatten, schwer verpönte psychologische Wahrheiten wenigstens scherzend zum Ausdruck zu bringen.» Entsprechend schrieb Heine: «Friedliche Gesinnung. Wünsche: bescheidene Hütte, Strohdach, aber gutes Bett, gutes Essen, Milch und Butter, sehr frisch, vor dem Fenster Blumen, vor der Türe einige schöne Bäume, und wenn der liebe Gott mich ganz glücklich machen will, läßt er mir die Freude erleben, daß an diesen Bäumen etwa sechs bis sieben meiner Feinde aufgehängt werden. Mit gerührtem Herzen werde ich ihnen vor ihrem Tode alle Unbill verzeihen, die sie mir im Leben zugefügt – ja, man muß seinen Feinden verzeihen, aber nicht früher, als bis sie gehenkt worden.»

Der deutsch-jüdische Dichter Heine sprach von sich und meinte die Menschheit. Die meisten von uns kennen solche Regungen der «friedlichen Gesinnung». Im 19. Jahrhundert stellten die deutschen Juden in brillanter Schärfe Gegenstände der Ehrfurcht bloß, die jenen, in deren Sprache sie schrieben, besonders lieb und teuer waren. Ich denke dabei nicht nur an Heine mit seinem dichterischen Genie und seiner beißenden Ironie, sondern auch an Marx und Freud, die beide die herrschenden Tabus über jene großen, für gewöhnlich scheinheilig bemäntelten Themen entlarvten: Geld und Sex. Es waren ungeheuerliche Angriffe auf Menschen, die eigentlich gar nichts über sich selbst wissen wollten. Daher mein zweites Motto, das von Friedrich Nietzsche stammt: «Sich selbst n i c h t zu erkennen: Klugheit des Idealisten. Der Idealist: ein Wesen, welches Gründe hat über sich dunkel zu bleiben und das klug genug ist, sich auch über diese Gründe noch dunkel zu bleiben.» Haben wir nicht alle bis zu einem gewissen Grad eine «friedliche Gesinnung», sind wir nicht alle «Idealisten»?

Gegenstand meiner Rede ist die Veränderung welthistorischen Ausmaßes, zu der es im letzten Jahr kam: die deutsche Wiedervereinigung. Ich möchte so offen wie möglich über Empfindungen und Besorgnisse und über politische Gegebenheiten sprechen: Beides gehört zusammen, Psychologie und Politik sind untrennbar miteinander verbunden. Vor einem solchen Publikum wie vor den meisten Zuhörern in Europa wäre es dumm, so zu tun, als wären die deutsche Wiedervereinigung und die neue deutsche Macht nicht mit starken, wenn auch nur selten ausgesprochenen Gefühlen besetzt. In jeder Rede über deutsche Angelegenheiten schwingt etwas Trauer mit. Für Juden und die von Deutschland bezwungenen Nachbarländer ist das Thema belastet. Es ist aber auch für viele Deutsche belastet. Wie soll diese große Veränderung nicht auch Erinnerungen wecken, Erinnerungen an die deutsche Aggression und deutsche Verbrechen? Die deutsche Geschichte der ersten Hälfte des 20. Jahrhunderts war über weite Strecken äußerst bewegt und voller Schrecken – kann sie jetzt friedlich und gedeihlich sein? Die Deutschen wissen selbst, dass die Wiedervereinigung vielerorts Unbehagen erzeugt hat. Da bleibt die bohrende, oft unausgesprochene Frage: Ist diese Schicksalswende, diese neuerliche Vorrangstellung Deutschlands moralisch gerecht und politisch ungefährlich? Meines Erachtens sind diese Gefühle verständlich und man muss mit ihnen rechnen, aber es liegt an uns zu beurteilen, ob sie der heutigen Situation angemessen sind, ob wir uns in unserer Reaktion von ihnen leiten lassen sollen oder ob unsere mehr oder weniger «friedliche Gesinnung» nicht unsere eigenen Interessen gefährden könnte und das zu beschädigen droht, dem wir eine positive Entwicklung wünschen. Um es vorwegzunehmen: Ich glaube, Deutschland im Besonderen und Europa im Allgemeinen haben eine zweite Chance erhalten, und es besteht Anlass zur Hoffnung, dass diese Chance nicht verspielt wird.

Zunächst will ich – in lachhafter Kürze – versuchen, die deutsche Wiedervereinigung in ihren unmittelbaren historischen Kontext zu stellen. Das Verschwinden der DDR durch den erwünschten, international sanktionierten Beitritt zur BRD war Ergebnis der friedlichen Revolutionen von 1989, der Selbstbefreiung der Polen, Ungarn und Tschechen und des Zusammenbruchs des Bolschewismus. Diese Revolutionen hatten viele Ursachen, vor allem die mutige Entschlossenheit dieser Menschen, ihre Freiheit wiederzuerlangen und ein besseres, humaneres Leben zu führen. Ermöglicht hat das alles, wenn auch nicht ganz beabsichtigt, Michail Gorbatschow – und zwar nicht, weil er Demokrat wäre, sondern weil er Realist ist. 1989 breitete sich die Revolution aus und brachte die Satellitenstaaten der UdSSR wie Dominosteine zu Fall –, und im Herbst des letzten Jahres erreichte sie schließlich auch Ostdeutschland. Als die Grenzen geöffnet wurden, strömten Zehntausende Ostdeutsche in die BRD, noch mehr gingen in der DDR auf die Straße und verlangten mit großem Mut und Disziplin Reformen, verlangten eine humanere Existenz. Sie demonstrierten unter der unvergesslichen Parole: Wir sind das Volk. Die Protestmärsche straften die allgemeine Überzeugung Lügen, dass die Deutschen keine Revolution machen. Sie gingen auf die Straße, als die ostdeutsche Regierung nach wie vor in den Händen von Hardlinern lag, als schon neue Internierungslager geplant wurden und staatliche Terrorakte wie auf dem Tiananmen-Platz noch denkbar waren. Die Demonstranten forderten keine sofortige Einheit, ihr Ziel waren grundlegende Reformen in ihrem eigenen Staat. Sie stürzten das alte Regime, das schließlich seinen eigenen Bankrott erkannte – Folge des Versäumnisses, sich Legitimität zu erwerben. Der Zusammenbruch kam sehr viel rascher, als irgendjemand vorausgeahnt hätte. Nur eine schnelle Vereinigung konnte eine massenhafte Abwanderung aus Ostdeutschland verhindern, ein Massenexodus, der Ostdeutschland vollends in die Knie gezwungen und die westdeutsche Gesellschaft überfordert hätte. Es ist eine Ironie der Geschichte, dass die Intellektuellen und Fachleute noch auf einen dritten Weg zwischen Kommunismus und Kapitalismus hofften, auf ein System mit menschlichem Antlitz, während die Arbeiter den Kapitalismus verlangten, und zwar sofort. Vierzig Jahre Entbehrungen waren genug.

Der Kontext der deutschen Wiedervereinigung war also die Selbstbefreiung Osteuropas und der Zusammenbruch des Bolschewismus; und die Triebkraft war die Wirtschaft. Unbedeutend hingegen waren nationalistische Motive; die Freude über den Mauerfall verwandelte sich sogar bald in eine nüchterne Abschätzung der möglichen Kosten unterschiedlicher Art. Am Tag der Wiedervereinigung im Oktober gab es keinen Siegestaumel, vielmehr herrschte vermutlich das Gefühl vor, dass nun wieder, in Willy Brandts Worten, zusammenkam, was zusammengehörte. Ein Kollege schrieb mir von einer protestantischen Gemeindeversammlung in Hamburg, auf der lange darüber debattiert wurde, ob man an diesem Tag die Kirchenglocken läuten sollte oder nicht – schließlich hätten sie in der Vergangenheit zur Feier von Nazisiegen geläutet. Die Glocken blieben stumm. Ich will es noch einmal sagen, der *Kontext* der deutschen Wiedervereinigung – die friedlichen Revolutionen von 1989, als unbewaffnete Bürger die Fesseln der Diktatur abschüttelten – war Anlass zu ungetrübter Freude, das erste Mal seit 1945.

Niemand hatte eine dieser Entwicklungen erwartet. Ich erinnere mich, dass Helmut Schmidt noch 1989 sagte, die Wiedervereinigung würde vielleicht im ersten Jahrzehnt des einundzwanzigsten Jahrhunderts kommen – und ich stimmte ihm zu, ein Mann meines Alters könnte das gefahrlos prophezeien, dachte ich. Aber gegen Ende des Winters standen die Regierungen Deutschlands und der Alliierten vor einer Situation, in der die Straße den Takt vorgab und die Diplomatie versuchte, Schritt zu halten.

Die Vereinigten Staaten, die größte Weltmacht und in wohlwollender Distanz zu Deutschland, half, die Lösung auszuhandeln, die nicht für wahrscheinlich gehalten worden war: ein vereintes Deutschland, international anerkannt und in eine eingestandenermaßen veränderte NATO eingebunden, das sich hinsichtlich der eigenen militärischen Stärke Restriktionen auferlegte. Kanzler Kohl betrieb mit somnambulem Geschick seine Außenpolitik – ein Geschick, das ihn nur in der überaus wichtigen Frage der deutsch-polnischen Grenze verließ, bei der er aus parteitaktischen Gründen zu lange zögerte.

Mit großer Staatskunst und unter dem ständigen Druck der Straße wurde eine friedliche Lösung für das deutsche Problem der Nachkriegszeit gefunden. Die vier Alliierten traten ihre Rechte ab, die Deutschen versprachen dem Westen Treue und dem Osten Geld, und die vier Mächte einigten sich auf das, was mittlerweile unabwendbar geworden war. Innerhalb weniger Monate war Deutschland zur größten Wirtschaftsmacht in Europa geworden, weitgehend befreit von den meisten Beschränkungen, die der BRD auferlegt gewesen waren. Solche Umbrüche in den Machtbeziehungen lösen immer Besorgnisse aus, in diesem Fall machte die deutsche Vergangenheit sie nur noch größer. Was also rechtfertigt ein gewisses Maß an Vertrauen und Zuversicht?

Erstens ist da die Bilanz der BRD selbst. Die unter den Alliierten, besonders unter amerikanischer Schirmherrschaft geschaffene BRD hatte aus den Fehlern der Weimarer Republik gelernt und stärkere politische Institutionen denn je geschaffen. Die Gesellschaftsstruktur des Landes hatte sich verändert, und das galt auch für die Mentalität der Menschen: Die zutiefst kritische Haltung gegenüber dem Westen, die über mindestens fünf Jahrzehnte das Leben in Deutschland geprägt hatte, war praktisch verschwunden; dank amerikanischer Unterstützung und des eigenen Wirtschaftswunders prosperierte die BRD; in den vierzig Jahren ihres Bestehens erreichte sie weitgehenden Frieden im Inneren und mit den Nachbarn und genoss nie dagewesene Freiheit und Wohlstand. Es gab allerdings auch dunklere Seiten: Ich rede von den deutschen Exporten potentiell gefährlicher Technologien in Länder wie Libyen und Irak. Dass es Krisen und Konflikte im Inland gab, tiefe Unstimmigkeit und Unzufriedenheit auf der Rechten und Linken, muss hingegen als normal betrachtet werden, auch wenn einige Formen des Protests gelegentlich bedrohlich erschienen. Nach und nach wurde die BRD demokratisch und beglückend langweilig – und brach damit mit einer schreckensreichen und dramatischen Vergangenheit.

David Ben Gurion hatte recht, als er 1957 erklärte: «Das Deutschland von heute ist nicht das Deutschland von gestern.» Das gilt selbstverständlich noch jetzt, und wir sollten nicht vergessen, dass es sich auch geographisch von dem Deutschland früherer Zeiten deutlich unterscheidet: Seine Provinzen im Osten hat es an Polen und die Sowjetunion verloren, und so haben die westlichen und südlichen Landesteile wesentlich mehr Gewicht erhalten – Regionen also, die sich nicht nur durch eine größere geographische Nähe zum Westen auszeichnen, sondern auch durch eine in kultureller Hinsicht und in den politischen Institutionen.

Zweitens müssen wir uns fragen, wie die neue Republik mit der schrecklichen Last der Vergangenheit umgeht, mit den Gräueln der Hitlerzeit. Meiner Meinung nach wurde in der BRD die deutsche Schuld überwiegend anerkannt – und dabei denke ich nicht nur an die großen Aussöhnungsmomente, das Abkommen von Adenauer und Ben Gurion über Wiedergutmachungsleistungen oder Willy Brandts spontanen Kniefall vor den Toren des Warschauer Ghettos; ich meine auch die Anstrengungen vieler deutscher Historiker, das mörderische Naziregime, seine Ursprünge und Herrschaftsformen und sein größtes Verbrechen, den Holocaust, zu beschreiben und zu analysieren. Aber es sollte auch nichts beschönigt werden. In den Anfangsjahren der BRD gab es eine gewollte Amnesie, in jüngeren Jahren die Bemühungen, die Naziverbrechen zu relativieren; symbolischer Ausdruck dieser dunklen Seite Nachkriegsdeutschlands war Bitburg – als Kanzler Kohl eine Amnestie für die Toten anstrebte und Reagan sich ihm zur Seite stellte. Aber im Großen und Ganzen haben die Pädagogen und die politischen Eliten Deutschlands sich sehr um eine Auseinandersetzung mit der Vergangenheit bemüht – ich denke, sie haben das ernsthafter versucht, als dies in den meisten anderen europäischen Ländern geschehen ist. Lassen Sie mich nebenbei bemerken, dass die Revolutionen von 1989, um Richard von Weizsäckers Worte zu gebrauchen, auch einen Weg zur Wahrheit eröffneten und dass die Bemühungen der Osteuropäer und der Russen, sich ein ehrliches Bild von der Vergangenheit zu machen und damit für alle Zeiten die verlogene, ihnen so lange aufgezwungene Parteidoktrin abzuschütteln, ein wesentlicher Bestandteil des Versprechens des neuen Europa sind. Am Tag der deutschen Wiedervereinigung erinnerten die offiziellen Erklärungen die Deutschen an die in ihrem Namen begangenen Verbrechen – und auch das stand der Versuchung zu triumphieren im Wege.

Drittens: Das neue Deutschland findet sich in einem völlig veränderten Europa wieder, ja, in einer neu geordneten Welt, in der die Macht weiter verteilt ist. Ich denke an die Europäische Gemeinschaft – eine Gemeinschaft im weitesten Sinne des Begriffs. Auch der amerikanischen Initiative zu Zeiten des Marshallplans ist es zu verdanken, dass Europa wirtschaftlich stärker denn je zusammengewachsen ist. «Europa 1992», der angestrebte gemeinsame Markt, der diese Entwicklung noch vorantreibt, war ein weiterer Ansporn für die osteuropäischen Länder, die Mauern niederzureißen, die sie vom übrigen Europa trennten. Es entwickelte sich darüber hinaus eine intensivere politische Zusammenarbeit, wenn auch nur zögerlich, was nicht nur an Frau Thatchers Klaustrophilie lag. Aber ich meine etwas Tiefergehendes, ich meine, dass Europa von einem europäischen Geist durchdrungen ist und sich zusätzlich zu der jeweiligen Treue zur eigenen Nation eine europäische Identität entwickelt hat. Die BRD braucht die Europäische Gemeinschaft, und sie fühlt sich ihr hoffentlich noch immer verpflichtet. Es gibt mittlerweile eine ganze Reihe europäischer und transatlantischer Organisationen, denen Deutschland angehört und in denen es ein wichtiges, zum Teil auch führendes Mitglied sein wird. Angesichts der schicksalsträchtigen Zerfallsanzeichen in der UdSSR und in Jugoslawien sind die Zeiten politischer Unruhe auf dem europäischen Kontinent zwar nicht vorbei, aber das erste Mal in seiner Geschichte weist nichts auf einen Krieg der im übrigen Europa versammelten Länder hin. Kurz gesagt, das neue und größere Deutschland ist in ein friedliches und weitgehend prosperierendes Europa eingebunden. Diese Gemeinschaft zu verlassen, hat es kein Interesse.

Aber es gibt natürlich noch Probleme: Der Umbau der am Boden liegenden Wirtschaft des Ostens mit ihren umweltschädlichen Industrien stellt die BRD vor enorme Anforderungen. Laut einer Schätzung wird es eine Billion Mark kosten, den Lebensstandard der 17 Millionen Ostdeutschen auf den der Westdeutschen zu heben. Die Deutschen haben allerdings eine geradezu unheimliche Fähigkeit, mit ökonomischen Problemen fertig zu werden, sie haben ja auch fast eine im Kommunismus funktionierende Wirtschaft zustande gebracht. Seltsamerweise haben viele Westdeutsche ein ambivalentes Verhältnis zu dieser Fähigkeit, beklagen den Wohlstand in ihrer Konsumgesellschaft und hegten jahrelang eine gewisse Bewunderung für die ärmlichen Verhältnisse, die in Ostdeutschland herrschten (und aus sicherer Distanz hat Ärmlichkeit ja auch etwas Anziehendes). In den nächsten Jahren werden die Westdeutschen ökonomische Opfer für die oft bedauerten Brüder und Schwestern bringen müssen – wobei es leichter ist, zu bedauern als zu zahlen –, aber diese Opfer werden nichts sein im Vergleich zu den Verwerfungen, denen sich die Ostdeutschen gegenübersehen. Ich denke da an die sprunghaft wachsenden Arbeitslosenzahlen, die Einschnitte bei der sozialen Sicherung oder die Probleme beim Übergang zu einer Marktwirtschaft. Die Ostdeutschen – zumindest eine große Mehrheit von ihnen – gingen davon aus, dass sie rasch die Vorteile der Marktwirtschaft genießen würden, und sie und noch mehr ihre osteuropäischen Nachbarn, die keine reiche Verwandtschaft im Westen haben, stellen nun fest, dass der Niedergang des Kommunismus nicht unbedingt blinden Glauben an den Kapitalismus rechtfertigt. Ich darf hinzufügen, dass es viele verschiedene Spielarten des Kapitalismus gibt. Jacques Delors hat von einem *capitalisme sauvage* gesprochen, dann gibt es den Kapitalismus Reaganscher Prägung, der durch Sorglosigkeit abgemilderte Profitgier ist, und es gibt den historischen zupackenden Unternehmerkapitalismus der Vereinigten Staaten, in dem Großzügigkeit in Form vorgeblich freiwilliger Wohltätigkeit letztlich einige unserer privaten Institutionen geschaffen und die meisten erhalten hat; ohne die privaten Stiftungen und Institutionen sähe unsere Gesellschaft heute anders aus, und ich gehe davon aus, dass einige Vertreter eines solchen verantwortlichen Kapitalismus heute und an anderen Abenden hier anwesend sind. Die Westdeutschen haben das übrigens von uns gelernt und bedeutende private Stiftungen gegründet.

Die nächsten Jahre erwartet die Ostdeutschen ein

schwereres Leben, als sie sich in dem neuen System vorgestellt haben. Sie werden sich wie Bürger zweiter Klasse vorkommen, und das bringt mich zu dem nächsten Problemkomplex, dem sich das neue Deutschland gegenübersieht.

Ich meine die moralisch-intellektuelle Integration der DDR in die BRD. Letzten Juni fragte ich Lothar de Maizière, den damaligen Ministerpräsidenten der DDR, ob die moralische Wiedervereinigung nicht noch schwieriger würde als die wirtschaftliche, und er gab mir sofort recht und sagte: «Wir wollen keine 17 Millionen seelische Krüppel.» Die politisch-psychologischen Probleme der DDR-Bürger sind immens: Wie sollen sie mit ihrer Vergangenheit umgehen und wie mit denjenigen Mitbürgern, die das kommunistische Regime getragen hatten: Wie mit den Richtern und Staatsanwälten verfahren, den Lehrern und Universitätsprofessoren, den Hunderttausenden Stasi-Informanten, den Freunden, die Freunde ausspionierten? Und wer wird die Entscheidung darüber treffen – wird sie in Bonn getroffen werden oder von den neu gewählten und zum Teil unerfahrenen Regierungen der fünf neuen Bundesländer der ehemaligen DDR? Es wird ein schwieriger Übergang – anders, als es sich die Regierenden im letzten Jahr erhofft hatten. Es wird psychische und wirtschaftliche Verwerfungen und Ressentiments geben. Die Entstasifizierung kann sich als schwieriger erweisen als die Entnazifizierung. Darüber hinaus erfahren die Ostdeutschen erst jetzt die ganze Wahrheit über die Nazivergangenheit. Alles in allem sehen die neuen Bürger der BRD größeren Schwierigkeiten entgegen als gedacht, und diese werden negative politische Ausschläge zur Folge haben. In Ostdeutschland kam es schon zu abscheulichen fremdenfeindlichen und antisemitischen Vorfällen. Die Fesseln der Tyrannei wurden abgeschüttelt, und das Menschliche kehrt zurück: Viele verlassen dieses Gefängnis mit einem Gefühl von Befreiung und Freiheit, das tiefer ist, als wir es womöglich kennen; und dann sind da jene, die es mit alten Vorurteilen und Hass im Herzen verlassen. Die Ambiguität der Befreiung war mir nicht klar gewesen. Das hätte es sein sollen.

Jetzt erst kommt es zur eigentlichen Prüfung der deutschen Staatskunst – eine Kunst, die nur wenige Nationen *en permanence* besitzen und von der die Deutschen, einer langen Reihe kritischer Deutscher von Max Weber bis Helmut Schmidt zufolge, besonders wenig besitzen. Die erste Frage wird sein, wie die Deutschen die Deutschen behandeln, daran wird man seismographisch das deutsche politische Ethos ablesen können.

Deutschland wird lernen müssen, mit seiner Macht umzugehen, einer Macht, die ihm in gewissem Maße aufgedrängt wurde. Ich erinnere mich an ein Gespräch mit dem Rektor der Tübinger Universität Anfang der 1980er Jahre. Ich sagte zu ihm, dass Deutschland zweimal nach hegemonialer Macht gegriffen habe und zweimal gescheitert sei; dieses Mal, so meinte ich, könne es aus Unaufmerksamkeit passieren, und er antwortete kein bisschen zynisch: «Das könnte unsere Chance sein.» Nicht nur Deutschlands Macht, die ökonomische und daher auch politische Macht, ist viel größer geworden, auch sein relatives Gewicht ist es, da dieser Machtzuwachs zeitlich mit der frappierenden Schwächung Russlands zusammenfällt. Deutsches Kapital wird trotz des großen Bedarfs im Inland nach Osteuropa streben. Um die europäischen oder amerikanischen Partner nicht vor den Kopf zu stoßen, von den Nehmern gar nicht zu reden, wird Deutschland mit großer Zurückhaltung und Fingerspitzengefühl agieren müssen. Mit ziemlicher Sicherheit wird es bei einem derartigen Machtungleichgewicht zu Konflikten kommen, und besonders die Briten sind auf diesem Feld empfindlich. Eine womöglich noch größere Gefahr bestünde darin, wenn die Deutschen Europa vernachlässigten, um den alten Traum wahrzumachen und Russlands unerschlossene Ressourcen mithilfe deutscher Technologie nutzbar zu machen. Das heutige Europa wird vermutlich das Entstehen einer Hegemonialmacht nicht zulassen. Dennoch wird Deutschland in Europa eine besondere Rolle spielen und im Rest der Welt zumindest eine Zeitlang eine angemessen zurückhaltende.

Es gibt viele Risiken: Möglicherweise werden in den nächsten Jahren viele Osteuropäer, besonders Russen und Jugoslawen, vor der Armut in ihren zerfallenden Ländern fliehen. Wie würde Deutschland, wie das übrige Europa auf eine Flut von Zuwanderern reagieren? Würden die Grenzen dichtgemacht, oder würde es eine unter den Mitgliedsländern abgestimmte Europapolitik geben, würde es Quoten oder Fremdenhass geben?

Auch die deutsch-amerikanischen Beziehungen werden sich schwieriger gestalten; schon vor längerer Zeit haben wir festgestellt, dass die BRD nicht mehr von uns abhängig ist, nicht mehr der wirtschaftliche Riese und politische Zwerg ist, wie es in den 1970er Jahren hieß. Es wird sicherlich zu Differenzen kommen, und der ökonomische Wettbewerb kann zu Konflikten führen. Deutschland wird eine deutlich vernehmbare Stimme in der EG und in allen internationalen Wirtschaftsorganisationen besitzen; die dort verhandelten Probleme werden von entscheidender Bedeutung für uns werden – und jedes Land wird seine Interessen mit unnachgiebiger Härte und freundlichen Worten verteidigen. In solchen Krisenmomenten könnte die Vergangenheit einen Schatten auf die Gegenwart werfen und gegenseitiges Misstrauen den Ton verschärfen.

Ich hoffe, wir werden den Bürgern der ehemaligen DDR ein besonderes Willkommen bereiten; ihre Sicht auf die Vereinigten Staaten wurde vierzig Jahre lang durch die kommunistische Propaganda geprägt. Nach 1946 und 1947 strömten junge Deutsche zuerst aus den Westzonen und später aus der BRD in die Vereinigten Staaten und wurden zu einem wichtigen Bindeglied zwischen den beiden Ländern. Den jungen Menschen aus der DDR sollten wir ähnliche Möglichkeiten bieten. In Amerika gibt es das Sprichwort, Vertrautheit führt zu Geringschätzung, aber das heißt nun nicht, dass das Fehlen von Vertrautheit Nächstenliebe erzeugt. Ein Fortbestand der amerikanischen Präsenz in Deutschland – wenn auch sicherlich in geringerem Umfang, besonders im militärischen Bereich – wäre ein ausschlaggebender Faktor für die Stabilität in Europa, zumindest bis die vielgepriesene neue Architektur Europas Gestalt annimmt.

Ein ganz anderes deutsches Problem bleibt bestehen,

wenn auch in abgeschwächter Form. Der Schatten der Vergangenheit lässt sich nicht auslöschen. Damit meine ich die frühere Vergeudung der deutschen Stärke; der schlimmste und immer noch unerklärliche Schrecken dieser Vergangenheit ist die Vernichtung von sechs Millionen Juden. Ich sage das als jemand, der nahe Verwandte in Auschwitz verloren hat und einiges über die Schuldgefühle der Überlebenden weiß. Man muss sich der Opfer erinnern, sie müssen betrauert werden, aber sie sollten niemals instrumentalisiert werden. Die Erinnerung an sie ist sakrosankt, sie dürfen nie in Vergessenheit geraten – weder von uns noch von den Deutschen oder den Angehörigen einer anderen Nation, die sich gleich in welcher Form und in welchem Ausmaß der Mittäterschaft schuldig gemacht haben. Diese Vergangenheit sollte unser ziviles Engagement und unsere politische und moralische Verantwortung stärken. Die Deutschen sollten die Vergangenheit achten, und das können sie auf ehrenvolle Weise nur tun, wenn es aus ihrem Inneren kommt. Die Toten dürfen nicht als Verursacher von Hass verleumdet werden – denn sie sind wegen eines fanatischen Hasses gestorben.

Vor drei Jahren schrieb ich: «Die Westdeutschen sind ein starkes und nicht zur Ruhe kommendes Volk, das von allen europäischen Völkern das Schlimmste zu beklagen hat – die Teilung des Landes.» Und ich fügte hinzu, dass «die heutigen Deutschen Freunde brauchen, die sich erinnern, nicht Freunde, die die Wahrheit beugen und vorgeben, dass die Vergangenheit in einer Art unbestimmter rückwirkender Gemeinschaftlichkeit aufgelöst werden kann. Die Deutschen brauchen Freunde, die genau wie viele von ihnen selbst die Last der Vergangenheit empfinden, aber die auch Mitgefühl für ein Volk empfinden, das eine so reiche und erschreckende Geschichte besitzt.» Diesem Volk nun wurde das seltenste aller Geschenke zuteil: eine zweite Chance. Es liegt in seiner Verantwortung, sie nicht zu verspielen, und es liegt in unserem Interesse, ihm dabei zu helfen. Gemeinsam mit Europa hat es diese zweite Chance. Wahrhaftigkeit und Besonnenheit sollten den Deutschen und uns die Vorteile eines friedlichen, prosperierenden und kreativen Landes verschaffen, das seine Grenzen kennt und akzeptiert. Es ist allemal besser, glaube ich, die Hoffnung auf die Zukunft zu setzen, als mit den Besorgnissen der Vergangenheit zu leben.

Das gemeinsame Haus Europa

Für Bronisław Geremek

(1989)

Da Hegel zwar ungelesen, heute aber wieder sehr in Mode ist, verwende ich seine Begrifflichkeit, um festzustellen, dass der «Weltgeist» vorübergehend wieder in Europa zuhause ist – oder um es nüchterner zu formulieren: Europa erlebt gerade einen weltgeschichtlichen Umbruch. In den vergangenen drei Monaten sind revolutionäre Veränderungen wie ein Sturmwind durch Europa, insbesondere durch Ost- und Mitteleuropa gefegt und haben dabei eine Intensität und einen Schwung gewonnen, die niemand vorhersehen konnte. Wir befinden uns mitten in einem Umsturz. Einzelne Vorkommnisse, so unerwartet sie auch sein mögen, können wir darin erfassen, aber die Zusammenhänge zwischen den Ereignissen sind viel schwerer auszumachen.

Dennoch möchte ich behaupten, dass große historische Umbrüche eine Folge des Zusammenwirkens von mehreren, scheinbar unabhängigen, sich gegenseitig aber beeinflussenden und verstärkenden Prozessen sind; diese Prozesse – von heutigen Historikern gerne unpersönlich als Kräfte der Geschichte bezeichnet – finden in der Regel repräsentative Figuren oder Führer. All das ereignet sich heute in Europa. Dabei werden überkommene Glaubenssätze und Gewissheiten über den Haufen geworfen, und dem Kontinent eröffnen sich neue Hoffnungen, neue Zukunftsaussichten und ein Gefühl, dass das Morgen glücklicherweise, gefährlicherweise völlig offen ist. Die vielleicht größte Veränderung und zugleich auch größte Ungewissheit ist, dass ich von Europa sprechen kann, so als bestünde es oder würde wiedererstehen, so als würden die großen politischen und ideologischen Trennlinien verschwinden.

Meine Behauptung der manchmal unsichtbaren Zusammenhänge zwischen den Ereignissen lässt sich mit einem Blick auf die Vergangenheit leicht belegen. Man denke etwa an die Reformation, als die Entstehung der großen nationalen Monarchien in Spanien, Frankreich und England die relative Einheit Europas zerbrach, und ein unbekannter deutscher Mönch fünfundneunzig Thesen an eine Kirchentür nagelte, die den katholischen Glauben in Frage stellten, und alle Frauen und Männer zum Martyrium aufrief, um eine im Luxus verfallende katholische Kirche zu reformieren. Wir sehen die Verbindungen im Rückblick; genau wie Kierkegaard es sagte: «Das Leben wird vorwärts gelebt, aber rückwärts verstanden.» Wenn es überhaupt verstanden wird.

Die jüngsten ungeheuren Veränderungen in Europa sind inzwischen bekannt; ich möchte sie nur benennen und einige mögliche Zusammenhänge zwischen ihnen aufzeigen. Revolutionäre Ereignisse haben Polen und Ungarn erschüttert; Polen hat in einer großen nationalen Erhebung seine Freiheit eingefordert; die Polen wollen ihre historische Stellung als Teil Europas wiedererlangen. Ihnen ist es gelungen – oder besser: ihnen gelingt es bislang –, sich der vierzigjährigen kommunistischen Herrschaft auf friedliche Weise zu entledigen, zum Teil auch, weil das Land wirtschaftlich am Boden liegt. Das Zusammentreffen von wirtschaftlichem Niedergang und dem Ruf nach Freiheit erinnert an Mirabeaus Erklärung am Vorabend der Französischen Revolution: «Die Staatsverschuldung ist das Staatsvermögen.» Dies, so möchte ich ergänzen, gilt nur für Länder, die sowohl einer politischen als auch einer ökonomischen Reform bedürfen. Es gilt jedoch nicht für Staaten mit Reaganomics als Wirtschaftsdoktrin, die Staatsschulden aufhäufen, um schmerzhafte Reformen hinauszuzögern – und es gilt ganz sicher nicht für defizitbedrohte Universitäten. Es gilt allerdings für Polen, Ungarn, die UdSSR und Ostdeutschland.

Selbst bei diesen langfristigen Prozessen lassen sich Namen nennen: So wurde ein polnischer Papst gewählt, der schon durch seine bloße Existenz den polnischen Anspruch auf Eigenständigkeit untermauerte – ein Anspruch, der auch durch den glühenden Glauben der Polen an die katholische Kirche gestützt wird. Trotz der skrupellosen Ermordung der polnischen Elite durch die deutschen und sowjetischen Besatzer sind wieder eindrucksvolle neue Führungsfiguren hervorgetreten – Lech Wałęsa und Bronisław Geremek sind nur zwei von ihnen.

Ihr Kampf, der mit der Entstehung der Solidarność 1980 begann, wäre jedoch erfolglos geblieben ohne einen neuen sowjetischen Führer, einen relativ unbekannten Apparatschik, der einen derart mutigen und radikalen

Kurs einschlug, dass es der Welt den Atem verschlug. Gorbatschow war von der Einsicht getrieben, dass die vielgerühmte sozialistische Wirtschaft kurz vor dem Zusammenbruch stand und dass die Sowjetunion, wenn sie als Weltmacht weiterbestehen wollte, im Inneren radikale Reformen einleiten und in ihrem Herrschaftsbereich ein nie dagewesenes Ausmaß an Freiheit erlauben musste. Er erkannte außerdem, dass er nicht nur den Kalten Krieg und das ruinöse Wettrüsten mit den USA beenden musste, sondern auch Frieden an seinen Grenzen und Hilfe vom Westen benötigte.

Der Wunsch nach Freiheit ist ansteckend, und in den vergangenen vier bis sechs Wochen haben die Ostdeutschen etwas getan, was niemand für möglich gehalten hätte: Sie sind auf die Straße gegangen, sie haben ein doktrinäres Regime verschreckt, und sie haben das politische Klima der Deutschen Demokratischen Republik radikal verändert. Der Massenexodus der Ostdeutschen in diesem Sommer, den Ungarn mit seiner Entscheidung für eine Grenzöffnung ermöglicht hat, hat die Regierung der DDR erschüttert. Seit 1848 sind die Deutschen nicht mehr so spontan, mutig und, wie es scheint, erfolgreich auf der historischen Bühne erschienen. Doch gab es in Ostdeutschland nicht die Erfahrung eines jahrelangen Kampfes wie in Polen und Ungarn, und es sind bislang auch noch keine anerkannten Oppositionsführer auf den Plan getreten. Die Ostdeutschen hatten fünfundsechzig Jahre lang entweder unter der nationalsozialistischen oder der kommunistischen Diktatur gelebt; sie waren es, die den Preis für den verlorenen Krieg bezahlt hatten, und zwar in Form von Mangel, Repression und durchdringender Trostlosigkeit; während sie litten, erging es der reichen Verwandtschaft in Westdeutschland prächtig. In die in diesem Jahrhundert aufgeworfene deutsche Frage ist an dessen Ende Bewegung gekommen. Der Gang der Ereignisse könnte die Steuerungsfähigkeiten der politischen Führung auch übersteigen. Die Welt – und vor allem die beiden deutschen Staaten – wurden von der Spontaneität dieses geordneten gewaltfreien Aufstands überrascht, einer Spontaneität, welche die vor siebzig Jahren ermordete Rosa Luxemburg von einer Revolte gegen den Kapitalismus erwartet hatte.

Eine glückliche Fügung des Schicksals sorgte dafür, dass sich Westeuropa zeitgleich aus einer Phase der Europamüdigkeit und Europaskepsis löste. Es war kaum bemerkt worden, dass sich 1985 die zwölf Mitgliedsländer der Europäischen Gemeinschaft oder, wenn man so will, die elf Mitgliedsstaaten und Margaret Thatchers Insel, dazu entschlossen hatten, bis 1992 einen gemeinsamen Markt zu schaffen; und dass sie die Brüsseler Kommission mit den Planungen für eine neue Europäische Gemeinschaft beauftragten, die 1992 eine Region mit offenen Grenzen und ohne Kontrollen sein sollte, Symbol für die Bewegungsfreiheit von Menschen und Gütern in einem auf den ersten Blick wohlhabenden und noch mehr Wohlstand anstrebenden Europa. Ich sage «auf den ersten Blick», weil der Lebensstandard innerhalb der Europäischen Gemeinschaft enorme Unterschiede aufweist. Griechenland, Irland und Portugal sind im Vergleich zu

Frankreich und der Bundesrepublik Deutschland arme Länder. Aber das entstehende Europa von 1992 mit seinen länderübergreifenden Zusammenschlüssen und seinem Willen zur Integration ist für andere Länder zum Magneten geworden. Zudem war es ein glücklicher Umstand, dass mit Jacques Delors eine herausragende, in den USA noch immer zu wenig bekannte Führungsperson gefunden wurde, die sich an die Verwirklichung dieses wagemutigen und komplizierten Plans macht.[1]

Doch was ist mit der verborgenen Gefahr der Exklusion? Würde die Schaffung einer stärkeren Europäischen Gemeinschaft die osteuropäischen Länder und speziell Polen und Ungarn nicht dazu verurteilen, im Status armer Waisen zu verharren – ein wirtschaftlich abgehängtes Niemandsland zwischen einer zerbröckelnden Sowjetunion und einem abgeschotteten Halbkontinent mit Wohlstand, Freiheit und wiedererlangter Vitalität? Oder wird, was wahrscheinlicher erscheint, die Entwicklung der osteuropäischen Staaten zunehmend von den Mitgliedern der Europäischen Gemeinschaft, insbesondere der Bundesrepublik Deutschland, finanziert – mit zunehmender Verflechtung der Volkswirtschaften? Oder wird die Europäische Freihandelszone, zu der auch Schweden, die Schweiz und Österreich gehören, ausgeweitet?

Beim Nachdenken über solche Fragen tauchen einige historische Paradoxe auf: Das Europa von 1992 markiert einen schwindenden Nationalismus, während die großen Umbrüche in Osteuropa von einem wiedererstarkenden Nationalstolz zeugen. Bei den Deutschen in beiden deutschen Staaten zeigt sich beides: der Wunsch nach europäischer Integration und ein neu erwachtes, unklares Nationalbewusstsein, in dem die Angst vor Atomwaffen und Umweltzerstörung eine immer größere Bedeutung hat. Das Europa von 1992 mit seinen Marktwirtschaften und den Plänen für eine stärkere Deregulierung steht vor einem Aufschwung, während der Bolschewismus seinen Bankrott einräumt.

Aber auch wenn wir den Bolschewismus als Ideologie begraben – wenn er wiedererstehen würde, dann höchstwahrscheinlich in Form eines repressiven Regimes ohne ideologische Ansprüche –, sollten wir uns daran erinnern, dass er nur das russisch-leninistische Zerrbild des marxistischen Sozialismus war. Der unfreiwillige Dienst, den der demokratische Sozialismus dem Kapitalismus in Europa erwiesen hat, ist unschätzbar: Seine Organisation und Disziplin, ob in Frankreich oder Deutschland, hat einen ungezügelten Kapitalismus dazu gezwungen, sich zu reformieren; dieser musste versuchen, sich von einer Art Kapitalismus, die heute selbst Jacques Delors einen «wilden Kapitalismus» nennt, zu einem Kapitalismus mit einer gewissen Achtung vor menschlichen Werten zu entwickeln. In den Jahren zwischen den zwei Weltkriegen hat der Bolschewismus die Arbeiterklasse entzweit und so das Überleben eines beschädigten, aber verwandelten Kapitalismus gesichert, der in den vergangenen vierzig Jahren eine bemerkenswerte Widerstandskraft und Dynamik an den Tag gelegt hat.

Ich glaube, dass der Bolschewismus und die UdSSR, auch wenn sie selbst es nicht wissen, noch über eine Geheimwaffe verfügen: die Vereinigten Staaten zu Selbstzufriedenheit verführen, uns zu dem Gedanken verleiten, dass wir gewonnen haben, weil sie gescheitert sind; dass wir gesund sind, weil sie krank sind. Ich denke, nicht das Versagen eines brutalen Systems in einem zurückgebliebenen Land sollte unsere Messlatte sein, sondern unsere eigenen Standards, die Standards der amerikanischen politischen Tradition, die von den Gründervätern bis zu F. D. Roosevelt und John F. Kennedy reicht. Zu glauben, dass die Geschichte mit uns endet, was offenbar der Theoretiker im State Departement, Francis Fukuyama, tut, wäre eine grobe Verkennung der Tatsachen.

Im Gegenteil, die Geschichte hat wieder an Schwungkraft gewonnen. Nach den fürchterlichen selbstzerstörerischen Bürgerkriegen steht Europa am Ende dieses Jahrhunderts vor einer Zeit der Hoffnung; verständlicherweise aber fragen die Europäer, welche Zukunft sie aufbauen könnten. Gorbatschow gab darauf eine wunderbar zweideutige Antwort, als er vom «gemeinsamen Haus Europa» sprach. Er mag den Begriff nicht erfunden haben, aber er hat ihm schlagartig größte Bekanntheit verschafft. Der Begriff ist zugleich vielsagend und unklar, ein Bild, das dutzende wohlmeinende und weniger wohlmeinende Auslegungen erlaubt. Wie Gorbatschow selbst sagt: «Unser Kontinent hat an Kriegen und Tränen mehr als genug gehabt.»

«Als ich über die gemeinsamen Wurzeln dieser so vielgestaltigen, doch im wesentlichen gemeinsamen europäischen Kultur nachdachte, wurden mir in zunehmendem Maße die Künstlichkeit, die zeitliche Begrenztheit der ge-

genwärtigen Konfrontation der Blöcke mit der veralteten Vorstellung vom ‹Eisernen Vorhang› bewußt. Europa ist in der Tat ein gemeinsames Haus, da Geographie und Geschichte die Geschicke von Dutzenden von Ländern und Völkern eng miteinander verwoben haben. Deshalb könnte man sagen: Das Haus ist ein gemeinsames, aber jede Familie hat darin eine eigene Wohnung, und es gibt auch verschiedene Eingänge.»[2]

Es ist ein großartiges Bild, das genau zum richtigen Zeitpunkt gewählt wurde und einer unausgesprochenen Hoffnung Ausdruck verlieh, ein Bild, in dem sich offensichtlicher Idealismus und verschleiertes Eigeninteresse verbinden. Darin steckt die Hoffnung auf ein Europa ohne antagonistische Blöcke. Es ist wenig überraschend, dass es auf verschiedenen Seiten zu unmittelbaren Reaktionen führte.

Ich erinnere mich, wie ein Kardinal der katholischen Kirche, kurz nachdem Gorbatschow zum ersten Mal vom Haus Europa gesprochen hatte, in einem päpstlichen Seminar nostalgisch der Zeiten gedachte, «als Europa noch mit einer Stimme sprach». Natürlich gibt es ein gemeinsames europäisches Haus. Es erwuchs aus scheinbar endlosen Konflikten, aus scheinbar grenzenlosem Streit rivalisierender Nationen um die Vormacht in Europa; dennoch ist es ein Europa mit Nationalkulturen, die seit vielen Jahrhunderten im Denken und Schreiben, in Handel und Wissenschaft miteinander verbunden sind. Und es gab gute Europäer wie Nietzsche, die den Nationalismus mit seiner für Europa zerstörerischen Wirkung verurteilten.

Immer wieder gab es Träume von einem vereinten Europa – man denke etwa an de Gaulles Europa «vom Atlantik bis zum Ural». Das geteilte Deutschland nahm Gorbatschows Bild besonders bereitwillig auf – und das nicht nur wegen seiner dichterischen Unschärfe. Die Deutschen sehen darin ein gemeinsames Haus, in dem sich Wände versetzen, trennende Mauern niederreißen lassen; oder um es präziser zu formulieren: Sie sehen in der Chance auf ein vereintes Europa auch eine Möglichkeit, die eigene Teilung zu überwinden.

Die Westdeutschen sind in sich gespalten. Sie sind über die Veränderungen in der Deutschen Demokratischen Republik begeistert und über die Folgen besorgt. Nicht alle sind glücklich über den Zustrom der langvermissten Landsleute. Den Hunderttausenden Einwanderern Unterkunft zu bieten, ist nur das dringlichste Problem. Manche Westdeutsche haben Angst um ihre Heimat und fürchten die wirtschaftlichen Folgen der Einwanderung, die jedem deutschen Neubürger automatisch die Staatsbürgerschaft mit allen Ansprüchen auf Sozialleistungen gibt. Ehe die ostdeutsche Regierung am 9. November bekanntgab, dass DDR-Bürger über die Grenze nach Westdeutschland reisen könnten, dachten manche Westdeutsche insgeheim: «Gott sei Dank gibt es die Mauer.» Ganz öffentlich sagen manche, dass sie eine Wiedervereinigung ablehnen, die durch eine massenhafte Einwanderung der Ostdeutschen zustande käme. Die Entscheidung vom 9. November (als dieser Artikel in Druck gegeben wurde), die Einwanderung auch über die Mauer zu gestatten, war ein Versuch, die Fluchtbewegung zu verlangsamen. In dieser verzweifelten und paradoxen Situation schien eine grüne Ampel ein wirkungsvolleres Stopp-Signal als eine rote. Die von der Auflösung bedrohte kommunistische Partei trat politisch die «Flucht nach vorne» an.

Derzeit verlangt die Regierung der Bundesrepublik freie Wahlen in Ostdeutschland – die Gegenleistung dafür seien massive Wirtschaftshilfen und die Aussicht auf eine starke Präsenz westdeutscher Unternehmen in Ostdeutschland. Was würde ein frei gewähltes ostdeutsches Parlament vorschlagen, und was würden die politisch uneinigen Westdeutschen wirklich wollen? Immerhin gibt es in dieser verwirrenden Lage doch etwas Kontinuität: Als Gegenleistung für eine Verbesserung der humanitären Lage sah bereits Willy Brandts Ostpolitik wirtschaftliche Hilfe und enge Beziehungen zu Ostdeutschland vor.

Die Westdeutschen sind auch nicht die einzigen, die zögern, etwas von ihrem Wohlstand abzugeben. Ich habe gehört, dass Polen größere Schwierigkeiten haben, ein französisches Einreisevisum zu erhalten als eine polnische Ausreisegenehmigung. Vor nicht einmal einem Monat sagte ein hoher sowjetischer Beamter, dass alle europäischen Nationen, auch Ostdeutschland, bequem in einem gemeinsamen europäischen Haus Unterkunft finden könnten, «natürlich in einem Haus mit offenen Türen und frischer Luft».[3] In diesem gemeinsamen Haus wird es auch gemeinsamen Streit geben. Aber schon das bloße Bild und das darin enthaltene Ideal beeinflussen die Ereignisse. Dass eine gewaltsame Intervention der Sowjetunion in den Staaten, die zu ihrem bröckelnden Reich gehören, so unwahrscheinlich ist, liegt teilweise auch daran, dass die Sowjets den Rest von Europa nicht vor den Kopf stoßen wollen – eine Überlegung, die früher überhaupt keine Rolle gespielt hätte. Was die beiden deutschen Staaten benötigen und vielleicht nicht bekommen, ist eine Verschnaufpause, um zu überlegen, welche Optionen bestehen, und sich mit ihren jeweiligen Verbündeten darüber zu beraten.

In der Beschwörung des gemeinsamen Hauses sehe ich aber auch eine untergründige, eine unheilstiftende Botschaft. Insgeheim wird damit auch der Begriff des «Westens» abgelöst, in dem die Vereinigten Staaten als wichtigster Teil und lange Zeit auch als sein Modell mit angesprochen waren. Das hehre Wort vom gemeinsamen Haus Europa hat einen antiamerikanischen Beiklang. Gorbatschow hat dies ganz offen geäußert:

«Auch über der europäischen Kultur schwebt eine ernsthafte Gefahr. Diese Bedrohung geht von einer ‹Massenkultur› aus, die über den Atlantik kommt. Wir verstehen die Besorgnis westlicher Intellektueller sehr gut. Man kann sich in der Tat nur wundern, daß eine starke, intelligente und von Natur aus humanistische Kultur wie die europäische zurückweicht vor dem primitiven Trubel von Gewalt und Pornographie und der Flut von billigen Gefühlen und niedrigen Gedanken aus Amerika.»[4]

Ich will mich nicht mit der Ironie aufhalten, die in Gorbatschows Würdigung der «von Natur aus humanistischen Kultur» Europas steckt, sondern darauf verweisen, dass solche Gedanken und Vorurteile weit verbreitet sind – unter Kirchenführern und Politikern, unter westlichen Intellektuellen und östlichen Populisten. Es geht offenkundig um mehr als Kultur.

Gegenüber einem Aspekt des gemeinsamen Hauses Europa habe ich Vorbehalte – Vorbehalte, die zugleich historischer und politischer Art sind. Nur wer unhistorisch denkt, kann für den Ausschluss der Amerikaner aus diesem mythischen Haus plädieren. Wer hat denn in den vergangenen dreihundert Jahren Europa entdeckt und gelegentlich gar vor sich selbst gerettet? Die Gründerväter der Vereinigten Staaten wussten, dass sie von einer gemeinsamen europäischen Kultur, der Philosophie der Aufklärung, ein großes Maß an Inspiration bezogen. Man denkt sogleich an Locke und Montesquieu. Aber diese Generation hielt Europa auch für politisch zurückgeblieben, für ein gemeinsames Haus der Tyrannei. In unserem Jahrhundert haben die Amerikaner in mancher Hinsicht einen klareren Blick auf die Einheit der europäischen Kultur gehabt als die sich selbst zerfleischenden Europäer. Für einen vorübergehenden, aber bedeutenden Moment in den 1930er und 1940er Jahren fand die europäische Kultur in Amerika Zuflucht und Heimat. Und nach dem Zweiten Weltkrieg hat zunächst der Marshallplan jene Kräfte Europas mobilisiert, die die europäische Integration beförderten; George Marshall machte ein gewisses Maß an Kooperation unter den westeuropäischen Ländern zur Bedingung für unsere Hilfe, und aus diesen Bemühungen erwuchs die erste gemeinsame europäische Institution, die Organisation für europäische wirtschaftliche Zusammenarbeit.[5] Doch nur weil wir die europäische Integration predigten, sie zu Beginn auch finanzierten und vier Jahrzehnte lang beschützten, sollten wir von den Europäern keine Dankbarkeit erwarten. Dankbarkeit ist schon unter Menschen selten; Staaten aber haben, wie ich es in Anlehnung an Lord Palmerston sagen möchte, keine bleibenden Freunde, nur bleibende Interessen.

Ich möchte allerdings anmerken, dass es sowohl in europäischem als auch in amerikanischem Interesse liegt, wenn wir unsere Gemeinsamkeiten pflegen. Diese Gemeinsamkeiten haben etwas mit Politik zu tun, mit Sicherheit, mit Handel und mit Kultur. Mit den Westeuropäern teilen wir eine liberaldemokratische Tradition und die Sorge um die Menschenrechte, auch wenn uns bewusst ist, dass unsere Weste in dieser Hinsicht nicht weiß ist. Wir haben gemeinsame kulturelle Einrichtungen, wir sind in der Wissenschaft und Technik aufeinander angewiesen. Am CERN, dem europäischen Atomforschungszentrum, arbeiten mehr amerikanische Physiker als europäische Physiker in den USA. Andererseits können sich nur wenige europäische Universitäten mit unseren besten messen – eine Vorrangstellung, die unseren Universitäten besondere steuerliche Verantwortung auferlegt.

Das Fehlen eines gemeinsamen Feindes – der Wandel der Sowjetunion von einem mächtigen Feind in einen armen Freund – könnte die wirtschaftlichen Konflikte zwischen uns und dem Europa von 1992 verschärfen. Wahrscheinlich ist das europäische Haus selbst in der unvollständigen Gestalt von Brüssel den Japanern gegenüber verschlossener als uns gegenüber. Aber Differenzen sind absehbar. Es ist auch klar, dass ein sich einigendes

Europa den Blick stärker nach innen richtet, genau wie die Amerikaner ihren Blick stärker nach innen richten oder sich mehr mit dem pazifischen Raum beschäftigen und etwas von der atlantischen Orientierung früherer Zeiten ablegen. Die Frage lautet, ob die Entfremdung und die Konflikte, zu denen es wahrscheinlich kommen wird, durch uralte Vorurteile und neumodische Verdächtigungen verschärft werden.

Die revolutionären Veränderungen, die sich in Europa ereignen, sind kein Anlass zur Sorge; wir könnten durchaus Mut schöpfen angesichts dieses heldenhaften Strebens nach einer freieren Welt; wir sollten die Chance ergreifen und eine Welt gestalten, die Sicherheit nicht in der Zahl der Raketen oder Atomwaffen misst, sondern in Rüstungsbeschränkung und gedeckelten Verteidigungsetats. Es ist unvermeidlich, dass in Zeiten dramatischer Umwälzungen, wie wir sie heute erleben, auch neue Gefahren entstehen. Im Augenblick scheint es mir nur eines zu geben, was sich mit Sicherheit sagen lässt: dass es kein gemeinsames Haus Europa gibt und wir dazugehören.

Das Deutschland, das ich nicht kannte

(2008)

Zunächst möchte ich mich bei Botschafter Wolfgang Ischinger für seine Gastfreundschaft und bei den Mitarbeitern, Professor Gestrich und dem German Historical Institute, bedanken. Obwohl ich Wolfgang Ischinger schon seit vielen Jahren kenne und für seine Menschlichkeit und Klugheit bewundere, fällt es mir schwer, meinen Gefühlen Ausdruck zu verleihen. Doch wie so oft helfen einem auch hier die Worte anderer. Der große Visionär Disraeli hielt im Februar 1871 vor dem House of Commons eine Rede über die deutsche Vereinigung, die vor allem ein Angriff auf die Regierung war, und darin beschrieb er Lord Clarendons Tugenden in Worten, in denen die des heutigen deutschen Botschafters vorweggenommen zu sein scheinen. Er sprach von Lord Clarendon als «einem wahren Mann von Welt mit großer Menschenkenntnis und mit jener wachen und einnehmenden Anteilnahme begabt, die dem Zurückhaltendsten Geheimnisse entlockt und die der Verschlossenste mit Vertrauen belohnt». Ob Botschafter Ischinger Geheimnisse entlockt, das weiß ich nicht, aber wir alle wissen um seine «wache und einnehmende Anteilnahme», die in unserer Welt so rar ist.

Eine kurze Erklärung bezüglich des Titels: Ich möchte

einige Worte zum Deutschen Reich sagen, das ich nicht erlebt habe, aber dem ich mich aus einer historischen Perspektive und mit innerer Distanz anzunähern versuchte. In der Behauptung, ein Land zu kennen, steckt ohnehin eine gewisse Ironie – immerhin wissen wir alle, wie schwer die Erkenntnis seiner selbst ist, und dasselbe gilt für ein Land. Vielleicht fällt es besonders schwer, Deutschland zu verstehen, und vielleicht führen Historiker, die selbst Kinder ihrer Zeit sind und von den tragischen Ereignissen zweier Weltkriege geprägt wurden, deshalb solche heftigen Kontroversen darüber. Die Werke britischer Historiker zeichneten sich von jeher dadurch aus, dass sie durch einen gelegentlichen Paukenschlag Leben in den sogenannten Elfenbeinturm gebracht haben.

Es gibt gute Gründe, mit dem Jahr 1871 zu beginnen. Zwei auch in ihrer Wichtigkeit unterschiedliche Ereignisse kommen in den Sinn, das eine mit anhaltend erbaulicher Wirkung, das andere merkwürdig flüchtig, aber von weltgeschichtlicher Bedeutung. 1871 erschienen die ersten Kapitel von George Eliots *Middlemarch* – ein Schatz, den ich gerade wieder lese –, aber ihr Name und Leben erinnern daran, dass man in England alles Deutsche von jeher mit großer Aufmerksamkeit verfolgt hat. Sie hatte damals schon *Das Leben Jesu* von David Friedrich Strauß übersetzt, eine Grundsatzschrift des undogmatischen deutschen Protestantismus, und kam daher auf einen wichtigen, wenn gelegentlich auch vernachlässigten Aspekt Deutschlands im 19. Jahrhundert zu sprechen: die tiefgreifende und im Halbverborgenen sich vollziehende Veränderung des deutschen Protestantismus. Sie wusste viel über das deutsche Denken, genau wie ihr zeitweiliger Ehemann, George Lewes, ein bedeutender Goethe-Biograph, aber man könnte noch auf viele andere britische Dichter und Schriftsteller verweisen, die sich Deutschland geistig verwandt fühlten. Welche Strahlkraft diese Verwandtschaft hatte und wie sehr sie zum alten Europa gehörte! Im 19. Jahrhundert wussten die gebildeten Schichten in Großbritannien wahrscheinlich mehr über Goethe und Heine als viele Deutsche der heutigen Fernsehgeneration.

Vor allem aber erinnert man sich an 1871 wegen der Gründung des Zweiten Reichs, wie man es auch nannte, einer Gründung in Krieg und Blut – und Gold. Verschwunden waren die Freiheitsgedanken von 1848, wenn auch nicht so vollständig, wie manchmal angenommen wird. Bismarck und seine damaligen nationalliberalen Verbündeten entwarfen eine Bundesverfassung, die die preußische Vorherrschaft wahrte, aber zugleich den alten Monarchien und stolzen Fürstentümern einige Privilegien beließ, und die die Vorrechte der preußischen Krone und ihres alten Verbündeten, des Militärs, mit den zwar begrenzten, aber tatsächlichen Machtbefugnissen eines Parlaments verknüpfte, das auf Grundlage des allgemeinen Männerwahlrechts gewählt wurde. Im Vergleich zu den alten Nationalstaaten, die die deutschen Länder umgaben, war dieses gerade entstandene Gebilde aufregend neu und stellte eine überraschende Entwicklung dar, deren Ungewöhnlichkeit Disraeli schon in seiner großen Rede vom Februar erkannte und in rhetorischer Übertreibung und Parteilichkeit vielleicht etwas verzerrt darstellte, als er erklärte, dass die Regierung Gladstone durch bewaffnete Neutralität den Krieg hätte verhindern können und müssen. Seltsamerweise stellt man fest, dass in die ernsthaftesten staatlichen Überlegungen gelegentlich Parteilichkeiten einfließen; zumindest in meinem Land kommt das vor. Der Krieg wütete noch, als Disraeli erklärte, dies «ist kein gewöhnlicher Krieg ... Dieser Krieg verkörpert die deutsche Revolution, ein bedeutsameres politisches Ereignis als die Französische Revolution vor hundert Jahren – ich sage nicht, ein bedeutsameres oder ebenso bedeutsames gesellschaftliches Ereignis ... Jede diplomatische Gepflogenheit wurde beiseite gewischt. Es ist eine neue Welt, in der neue Kräfte wirken, in der neue und unbekannte Ziele und Gefahren gemeistert werden müssen, verhüllt noch von jener Dunkelheit, die mit der Neuartigkeit solcher Dinge verbunden ist ... Das Machtgleichgewicht ist völlig zerstört, und das Land, das am meisten leidet und die Folgen dieses enormen Wandels am heftigsten spürt, ist England.» (Die Franzosen hätten dieser letzten, ein wenig insularen Bemerkung vermutlich nicht zugestimmt.) Merkwürdig, aber nachdem Disraeli einige Jahre danach an die Macht zurückkehrte, verloren die großen Gefahren für kurze Zeit an Bedrohlichkeit, und er stellte fest, dass Bismarck ein ernstzunehmender Partner war, mit dem sich die Balkan-Krise beilegen ließ; allerdings wurde ihnen der gegenseitige Respekt wohl auch dadurch leicht gemacht, dass beide Gladstone und seinen Liberalismus ablehnten oder sogar hassten.

Bis dahin hatten die Briten den in den 1850er Jahren einsetzenden wirtschaftlichen Aufschwung in den deutschen Kleinstaaten mit gelassenem Wohlwollen verfolgt. 1870 aber war Deutschland eine aufstrebende Macht, es verfügte über eine funktionierende Gesellschaft, die Wirtschaft wuchs, es war bekannt für seine Errungenschaften und schlussendliche Überlegenheit in Wissenschaft, Gelehrsamkeit und Technik, in dem, was Whitehead die Innovation der Innovation nannte. Die deutsche Wissenschaft hatte einen starken Einfluss auf die angloamerikanische Welt, und deutsche Gelehrte hatten wesentlichen Anteil an der Umwandlung der Geschichtsschreibung in eine akademische Disziplin, eine Wissenschaft – nicht ohne einige Bedenken Klios. Die großen deutschen Historiker waren von den dramatischen Ereignissen um Napoleon berührt, und zum Teil beeinflussten sie Sir Walter Scott und andere. Viele dieser Historiker – karikiert von Carlyle und anderen – zeichneten sich durch ihre Materialbeherrschung und Staatshörigkeit aus. Sie begriffen sich als Diener zweier Ideen, der Wissenschaft und des Staates, die beide beinahe religiös verehrt wurden. Um es arg verkürzt zu sagen: Sie waren eher Diener des Staates als dessen mitwirkende Bürger. William James bemerkte einmal, dass deutsche Gelehrte keine andere Aufgabe im Leben hatten, als Gelehrte zu sein, sie waren Verwalter eines bedeutenden Erbes, und als solche glaubten sie, sie besetzten eine mit großer moralischer Autorität verbundene Sonderstellung in der Gesellschaft. Die oft festgestellte deutsche Verehrung von Bildung war allerdings mit einem damals weitgehend übersehenen Preis verbunden, wie ich vor fünfzig Jahren in jugendlicher Unbesonnenheit unter dem Titel «Die politischen

Folgen der unpolitischen Deutschen» darzulegen versuchte, nämlich dass diese deutsche Überhöhung der Kultur oft eine Geringschätzung des politischen Lebens mit sich brachte, eine fehlende Achtung oder gar Missachtung liberaler Prinzipien.

Auf dieses erfolgreiche, wenn auch unsichere Land warf die deutsche Politik einen Schatten – umso mehr nach der sogenannten Zweiten Reichsgründung 1878/79, als Bismarck das wackelige Bündnis mit der größten Partei aufgab, den Nationalliberalen, ein zu der Zeit irreführender Name. Ein neuer, reaktionärer und protektionistischer Kurs wurde eingeschlagen, und Bismarck, der große Einiger, war auch der große Spalter, denn schließlich wies er schon früh auf die «Reichsfeinde», womit er organisierte Katholiken und das ständig wachsende und mit der internationalen sozialistischen Bewegung verbundene Proletariat meinte. Ein Mittel in diesem Kampf war für Bismarck die Unterdrückung der Sozialdemokraten; zugleich aber war seine Sozialpolitik – Krankenversicherung und allgemein die Absicherung der Arbeiter, die heute in einigen entwickelten Ländern, zu denen auch meines gehört, als revolutionär diskreditiert würden – ein wichtiges gesellschaftliches Palliativ. In vielerlei Hinsicht sah sich Bismarck im Inland weit größeren Problemen gegenüber als im Ausland. Gelegentlich war er deshalb versucht, die von ihm selbst gestaltete Verfassung zu ändern oder sich ganz von ihr abzukehren, insofern sie zunehmend unvereinbar war mit einer Gesellschaft, die einerseits modern, andererseits reaktionär war, und in der die Sozialisten immer mehr Macht bekamen, wovon sich die herrschende Klasse, die ihre Privilegien entschieden verteidigte, bedroht fühlte. Der zu Recht «weißer Revolutionär» genannte Bismarck, eine überaus faszinierende Persönlichkeit, bekannte einmal, dass jeder Mann eine Frau für die Liebe und einen Mann für den Hass brauche. In der Hinsicht konnte er sich nicht beklagen: Er liebte seine Frau und hasste Windthorst, den Vorsitzenden der katholischen Zentrumspartei, wobei er in seinem Hass, glaube ich, polygam war. Einmal berichtete er, er habe die ganze Nacht im Hass verbracht, und ich habe mich oft gefragt, ob er seinen Gegenspielern, den tatsächlichen und den vorgestellten, nicht seine eigene Kraft und Genialität zusprach.

Aber selbst Bismarck konnte nicht ewig bleiben, auch wenn seine achtundzwanzig Jahre an der Macht für Europa keine schlechte Leistung sind. In den letzten Jahren seiner Herrschaft balancierte er das deutsche Großmachtstreben mit der europäischen Wirklichkeit aus, er blieb dabei, Deutschland sei «saturiert», und trat für den Frieden ein, weil er die Gefahr für den neuen Staat sah, der an seinen Grenzen mehr Nachbarn hatte als jeder andere europäische Staat. Als der junge Kaiser ihn 1890 schließlich ungnädig entließ, bedauerte Europa den Verlust dieses Lotsen, sein eigenes Volk dagegen war seiner misanthropischen Unnahbarkeit und Gerissenheit müde geworden. Einige Jahre später wurde er zum Idol der Oberschicht. Nur insofern etwas Unergründliches in seiner Kombination von Weitsichtigkeit, Mut und verlogener Engstirnigkeit lag, könnte er Vater seines Landes genannt werden.

Trotz der Gründerkrise zwischen 1873 und etwa 1879, die allen reaktionären und antisemitischen Elementen noch breiteren Zulauf bescherte, konnte das Land im Grunde das dynamische Wachstum fortsetzen und seinen weltweiten Handel weiter ausbauen. Entscheidend änderte sich das erst mit dem jungen Kaiser, der 1888 den Thron bestieg und den niemand besser kennt als mein Kollege John Röhl – und in seiner Gegenwart erinnere ich mich der Tugenden der Diskretion und des Schweigens, für die der Kaiser bekanntlich wenig übrig hatte. In seiner Unsicherheit und Arroganz, seinem Schwanken, seinem rhetorischen Schwulst und seinem Militarismus repräsentierte er in vielerlei Hinsicht sein Volk und war die Karikatur einer mit Makeln behafteten Gesellschaft. Auch dies kommt vor: Immer wieder einmal werden Personen, die eigentlich Karikaturen der nationaltypischen Schwächen sind, zu Repräsentanten ihres Landes, zu denkwürdigen historischen Unfällen.

Über die wilhelminische Gesellschaft wurde viel gestritten. Anfang der 1950er Jahre brachten die ersten Historiker vor, dass das Land trotz seiner großen Erfolge nicht im Einklang mit sich selbst war, nicht im Einklang mit den liberalen Erwartungen einer emanzipierten Bürgerschaft, nicht im Einklang mit den Idealen der Preußischen Reformen, für die Wilhelm von Humboldt stand, einer der Vorgänger Wolfgang Ischingers auf dem Botschafterposten in London. Man fing an vom deutschen «Sonderweg» zu sprechen, nach dem sich die deutsche Entwicklung stark von der anderer westlicher Länder unterschied, welche den tiefgreifenden Veränderungen in der europäischen Gesellschaft die angemessenen liberaldemokratische Zugeständnisse gemacht hatten. Ich will an dieser Stelle nicht in die wissenschaftliche Debatte über diesen vermeintlichen Sonderweg eintreten, aber als ich über die Frage nach dem Einzigartigen im deutschen Leben nachdachte, ging ich frühere Betrachtungen durch – und ich wünschte mir auf einmal, dass wir für das wilhelminische Deutschland ein ähnlich umfassendes Werk wie das von G. M. Young für das viktorianische England hätten. Wir brauchen ein Gesamtkunstwerk der historischen Analyse, das die gleichzeitig auftretenden Widersprüche dieser erstaunlichen Gesellschaft erfasst.

Ich will mich nun einem Mann zuwenden, dessen Scharfsichtigkeit und Menschenkenntnis ihn zu einem Paradebeispiel europäischer Klugheit macht: Alexis de Tocqueville. 1854 schrieb er aus Bonn an Gustave de Beaumont: «Im häuslichen Leben der Deutschen gibt es gewiss anziehende Elemente; aber werden diese Männer, die in ihrem Privatleben so respektabel und so distinguiert sind, jemals Bürger werden? Wenn ich sehe, wie lange sie sich der unumschränkten Herrschaft unterworfen haben, die Milde dieser Herrschaft, das Fehlen aller Freiheitstraditionen in ihrem Lebenswandel, die Zentralisierung, das allgemeine Streben nach Stellungen und die allgemeine Unterordnung, dann frage ich mich, ob diese Menschen jemals sehr anders sein werden als sie jetzt sind; und dennoch herrscht ein allgemeines Gefühl der Unsicherheit in dem Land.» In einem anderen Brief aus demselben Jahr schrieb er: «Nicht nur sind die Deutschen nicht vertraut mit den Mitteln, mit denen politische Freiheit begründet und erhalten werden kann; sie haben kaum einen Begriff von ihr. Inmitten halbliberaler Institutionen bewahren sie die Gepflogenheiten, die ihnen durch zwei Jahrhunderte unumschränkter Herrschaft auferlegt wurden.» Hätte man Tocqueville doch ein großzügiges Stipendium gewährt, um über «Freiheit in Deutschland» zu schreiben.

Lassen Sie mich einen weiteren Franzosen zitieren, der sich selbst in Tocquevilles Tradition stellte und obendrein ein hervorragender Beobachter Großbritanniens war. Ich meine Élie Halévy, der 1895 Deutschland besuchte und einen klugen Artikel über den Stand der Wissenschaften verfasste, wie er ihn in Berlin und Leipzig kennengelernt hatte. Halévy war wie Tocqueville der Auffassung, dass der oft unbeachtete Geisteswandel bedeutsam für das Leben und die Politik eines Volkes war. Er erkannte eine, wie er es nannte, «Areligiosität, nicht so gewalttätig und aggressiv wie die der *libre penseur* der Südländer, aber apathisch und passiv, die der im Moment in Deutschland, zumindest in Norddeutschland herrschende Geist ist». Er bemerkte eine Schwächung des deutschen Protestantismus, nachdem er einige Jahr zuvor die Macht des englischen Methodismus so luzide beschrieben hatte. Über die Studenten der beiden Universitäten schrieb er, sie seien reaktionär und antisemitisch, und hob besonders hervor, was zahllose Beobachter mit Besorgnis sahen: die Schwäche einer Kirche, die eng mit der staatlichen Gewalt verbunden war, der Militarismus des Landes und die antiliberale Haltung, zu der viele Formen des Antisemitismus gehörten.

Mir fehlt die Zeit oder vielleicht auch die Lust, mich mit der kriegsversessenen und stümperhaften wilhelminischen Außenpolitik auseinanderzusetzen. Oft denke ich über die beinahe fatalen außenpolitischen Fehler nach, die großen Nationen unterlaufen. Aber lassen Sie sich an das Crowe-Memorandum von 1908 erinnern, das Eyre Crowe vom Foreign Office verfasste und in dem auf sehr beeindruckende Weise der Versuch unternommen wird, die deutschen Ziele und Vorgehensweisen zu erfassen – in seiner feinsinnigen Analyse und auch der Ausführlichkeit nach ist es vergleichbar mit George Kennans «long telegram» über die sowjetischen Ziele. Er erkannte die Gefahren der deutschen Politik. In vielen privaten Gesprächen während des Ersten Weltkriegs beklagte der deutsche Reichskanzler Bethmann Hollweg die Irrtümer und Fehler Deutschlands vor 1914, bekannte die Lügen, die man dem Volk aufgetischt habe, die subalterne Mediokrität der politischen Führung, die zum Teil am Fehlen eines mächtigen Parlaments gelegen habe, einem Übungsplatz fürs Regieren.

Ich mache einen Sprung nach vorne: Erstaunt es, dass in den 1950er Jahren – nach den Gräueltaten des Naziregimes und nachdem klar wurde, dass große Teile Deutschlands und gerade auch Intellektuelle und Akademiker Hitler völlig erlegen waren – einige Historiker fragten, wie es zu diesem Verrat kam? Und dass wir in den 1950er Jahren, bewusst oder nicht, noch immer sehr von der Leistung von Churchills England bewegt waren, als es 1940 Hitler widerstand, und dass einige auch von Isaiah Berlins unvergesslichen Worten über den großen amerikanischen Juristen Felix Frankfurter berührt waren: «Und dann [seine] berührende und reizende Anglophilie, die kindliche Leidenschaft für England, englische Institutionen, Engländer – für alles, was gesund, raffiniert, nicht schäbig, auf kultivierte Weise maßvoll, friedlich, das Gegenteil von brutal, anständig war, für die liberalen und rechtsstaatlichen Traditionen, welche vor 1914 Herz und Phantasie der Menschen ansprachen, besonders der in Ost- und Mitteleuropa Aufgewachsenen und hier der Angehörigen der unterdrückten Minderheiten, die deren Mangel in einem so unfassbaren Maße spürten und die auf England und teilweise auch Amerika setzten – jene großen Festungen dieser Traditionen –, was die Bewahrung von Würde und Freiheit der Menschen anbelangte.»

Es wäre jedoch ein großer Fehler, die vielen Deutschen im Kaiserreich außer Acht zu lassen, die ihre Landsleute davor warnten, dass Deutschland einen falschen und gefährlichen Kurs eingeschlagen hatte. Zuallererst muss man da an Nietzsche denken, der ja schon 1873 erklärte, «ein grosser Sieg ist eine grosse Gefahr», und befürchtete, dass die deutsche Selbstüberhebung zu einer «Exstirpation des deutschen Geistes» führe. Er wusste, dass die Verehrung von Kultur zum kultivierten Philistertum führen konnte, dass die Umwandlung des Deutschen ins Reichsdeutsche, die in besonderem Maß ein Mann wie Richard Wagner verkörperte, ein weiteres Zeichen einer um sich greifenden Dekadenz war. Und wie heftig kritisierte er die ihm allzu bekannten Antisemiten seiner Zeit! Was Nietzsche in gelegentlichem Schwulst schrieb, der zu seinem tragischen Missverstandenwerden beitrug, formulierten andere vorsichtiger. Auch im Deutschen Reich gab es also die große europäische oder westliche Tradition der Selbstkritik, die, wenn Sie so wollen, untrennbar mit europäischer oder westlicher Größe verbunden ist. Auch sie kann übertrieben werden, in modisches Palaver münden, aber die Tradition an sich ist der Lebensnerv einer liberalen Welt.

Ich will an noch eine Stimme erinnern, eine zutiefst dissonante Stimme im Deutschen Reich, nämlich die von Theodor Mommsen, dem großen Altertumswissenschaftler und Gelehrten, der mehr als 1500 Werke verfasste und der dennoch Zeit fand zur, wie er es nannte, politischen Pädagogik. Die Revolution von 1848 war für ihn wie für Bismarck das herausragende Ereignis seiner politischen Bildungsgeschichte – und als Bismarck 1862 in Preußen an die Macht kam, war Mommsen unter der Professorenschaft und in seinen Schriften und Parlamentsauftritten sein eloquentester Gegner. Während des Dänischen und des Deutschen Krieges beugte er sich ihm kurz in dem Glauben, Bismarck habe im Sinne eines deutschen Schicksals gehandelt, aber abgestoßen von der von Bismarck vorangetriebenen Korrumpierung des Liberalismus, in der ihm so viele Deutsche folgten, kehrte er 1871 zu seinen liberalen Prinzipien zurück. Die Abneigung war beiderseitig, und Mommsen, der glaubte, dass Bismarck das moralische Rückgrat der Nation gebrochen habe, wurde auf hinterlistige Weise attackiert. Und doch war er ein stolzer Deutscher! Man muss diesen Patriotismus eines besorgten Bürgers honorieren. Mommsens Rektoratsrede von 1874 war eine Ermahnung der deutschen Gelehrtenschaft, jene weltweite Bedeutung anzustreben, die deutsche Seeleute und Soldaten, Handwerker und Wissenschaftler schon erreicht hatten.

Er selbst wurde immer verzagter, was die Aussichten Deutschlands anging. 1902 erhielt er den Nobelpreis für Literatur – als einziger Historiker überhaupt, mit Ausnahme Churchills, bei dem andere Tugenden für die Entscheidung ausschlaggebend gewesen sein mögen. Vielleicht sollten wir uns freuen, dass es keinen Nobelpreis für Geschichtsschreibung gibt, denn eine solche Ehrung könnte zu Intrigen oder sogar Neid in einer friedlichen und kollegialen Gemeinschaft führen. Kurz vor seinem Tod wurde Mommsen von dem britischen Historiker G. M. Trevelyan um einen Artikel für die erste Ausgabe der *Independent Review* gebeten, den er «A German's Appeal to the English» überschrieb und in dem er dazu aufrief, die Briten und Deutschen mögen trotz ihrer Differenzen bezüglich des Zweiten Burenkrieges weiterhin Seite an Seite gehen; unausgesprochen ließ Mommsen, dass sie dabei auf liberale Prinzipien und Frieden zusteuern sollten.

1899 schrieb Mommsen in seinem Testament, das er nicht veröffentlicht wissen wollte: «in meinem innersten Wesen, und ich meine, mit dem Besten was in mir ist, bin ich stets ein animal politicum gewesen und wünschte ein Bürger zu sein. Das ist nicht möglich in unserer Nation, bei der der Einzelne, auch der Beste über den Dienst im Gliede und den politischen Fetischismus nicht hinauskommt.»

Das Testament wurde erst 1948 veröffentlicht, und nur

gegen den Widerstand einiger seiner Erben. Ich las es erstmals 1951 und vergaß es nie wieder. Auch dieses Testament gehört zur Geschichte der Deutschen Reichs, genauso wie das ungeheuerliche Versagen, das er so sehr bedauerte, und wie seine Gelehrsamkeit zu diesem wunderbaren, ungeheuer kreativen und doch fürchterlich gescheiterten Zeitabschnitt gehören.

Ich würde gerne mit einer persönlichen Bemerkung schließen: Die Bundesrepublik Deutschland ist das Land, dessen politische Kultur sich radikal von der früheren Politik und früheren Gepflogenheiten unterscheidet, befreit oder nahezu befreit von den antiwestlichen Ressentiments, die in der Vergangenheit eine große Rolle spielten. Deutschland hat sich endlich dem Westen zugewandt – und wir müssen nun dafür sorgen, dass dieser Westen seine Einigkeit und liberalen Werte bewahrt, die so sehr bedroht sind. Lassen Sie mich mit einer Achtungsbezeugung für den Urenkel Mommsens, Wolfgang Mommsen, schließen, einen leidenschaftlichen und leidenschaftlich kreativen Mann, dessen erstes Werk eine brillante Biographie des von dem alten Mommsen sehr geschätzten Max Weber ist. Wolfgang war hier als Direktor des German Historical Institute, ein Patriot und Kosmopolit, ein bedeutender Repräsentant des heutigen Deutschlands, das für seine weltweiten Verantwortlichkeiten keinen bedeutenderen oder sympathischeren Vertreter finden konnte als Wolfgang Ischinger.

Der Kniefall Willy Brandts

(2010)

Es ist würdig und erhebend und auch zeitgemäß, dass wir hier, in diesem geschichtsträchtigen Schloss, einer der größten und edelsten Gesten der Nachkriegsgeschichte gedenken. Zeitgemäß ist diese Feier heute, in Anwesenheit des polnischen und des deutschen Staatsoberhaupts, deswegen, weil sie die gemeinsame Entschlossenheit bezeugt, mit der Arbeit der Aussöhnung, der sich Willy Brandt verschrieben hatte, in dieser wieder sehr schwierigen Zeit fortzufahren.

Willy Brandt hat den Nationalsozialismus von Anfang an bekämpft, er war lieber aus Deutschland emigriert, als sich dem Schweigen und der Schmach auszusetzen, und er hat als Widerstandskämpfer im Untergrund sein Leben riskiert. Viele Jahre später hat er als Bundeskanzler mit seinen Kniefall vor dem polnischen Mahnmal für die Helden des Aufstandes des Warschauer Gettos öffentlich Trauer, Reue und Scham bekundet; es war dies eine feierliche und symbolische Ansprache, mit der er, wie ich meine, die Ungeheuerlichkeit und Einmaligkeit der deutschen Verbrechen an Juden und Polen und Deutschlands Sturz in die Barbarei einräumte. Es war eine einzigartige, beispiellose Geste. Kein anderer Deutscher in einem hohen Staatsamt war je so weit gegangen – vielleicht hat ihm, dem Patrioten und Widerstandskämpfer, seine Tapferkeit auch den Mut zu Ehrlichkeit und Demut verliehen. Brandt sagte, es fehlten ihm die Worte; es habe ihn ein Schauder überkommen angesichts der in Stein geschlagenen Erinnerung an die schreckliche Vergangenheit, und ihn, den säkularen Staatsmann, zu dieser religiösen, spirituellen Geste bewegt.

Ich weiß noch, wie tief mich die ersten Fotos des knienden Brandt berührt haben: Ich glaube, man konnte unmittelbar spüren, dass dies ein verheißungsvoller Augenblick war, der einem Hoffnung auf ein wahrhaft demokratisches Deutschland gab, mochte es auch geteilt und geschlagen sein. Wir wussten, dass es auch unter den Deutschen Frauen und Männer gab, die nach den beiden Weltkriegen und inmitten eines sehr kalten Krieges ernsthaft um die Aussöhnung mit Polen bemüht waren. Vor ein paar Jahren habe ich Brandts Kniefall «das überzeugendste, unvergessliche Zeichen für das deutsche Bedauern und den deutschen Willen zur Aussöhnung» genannt. Mag uns Brandts Geste zunächst überrascht haben, so haben wir doch recht bald seine tiefe Trauer erfasst und vielleicht auch gespürt, dass darin ein Hoffnungsfunke enthalten war, ein Aufruf zu einer Art «Neuanfang», eine Befreiung, die Beendigung eines überlangen Schweigens.

Brandt schrieb, ihm sei bewusst gewesen, dass seine Unterschrift unter den Warschauer Vertrag, der die Unverletzlichkeit der polnischen Westgrenze festschrieb – deren Errichtung 1945 hatte die oft traumatische Vertreibung von Millionen von Deutschen aus einst deutschen Gebieten zur Folge –, dass diese Unterschrift also Herz und Verstand, Einfühlung und Staatskunst erforderte. Er hat uns ein ikonisches Bild hinterlassen – und ein unvollendetes Werk. Zuvor schon hatte es Bemühungen um Aussöhnung gegeben, etwa den großen Brief der polnischen Bischöfe an ihre deutschen Amtsbrüder mit dem Satz «Wir vergeben und bitten um Vergebung», und ich darf auch einige Namen nennen, die stellvertretend für jene Deutschen stehen, die sich schon früh für eine deutsch-polnische Aussöhnung einsetzten. Ich denke hier an Marion Gräfin Dönhoff und Richard von Weizsäcker.

Die ein Jahrhundert währenden Feindseligkeiten zwischen Frankreich und Deutschland waren schon 1970 beigelegt worden; die Aussöhnung der beiden Nationen hatte bereits in den gerühmten feierlichen Gesten ihrer Staatsmänner Ausdruck gefunden: Das gemeinsame Gebet von Bundeskanzler Adenauer und Präsident de Gaulle 1962 in der Kathedrale von Reims sandte ein weithin sichtbares, starkes Signal aus, das, wie wir hofften, ein neues Westeuropa ankündigte. Auf der deutsch-polnischen Beziehung lastete jedoch eine ungleich schwerere Bürde: jahrhundertelange deutsche Überheblichkeit und das Gefühl der Polen, Opfer zu sein, sowie ein fünf Jahre dauernder brutaler Krieg gegen polnische Juden und Christen, vor allem gegen die polnischen Eliten. Brandts spontane Geste verwandelte seine politische Pflicht, an einer Stelle und in einer von den Deutschen auf so entsetzliche Weise verwüsteten Stadt einen Kranz niederzulegen, in eine tiefbewegende persönliche Botschaft; seine Geste wirkte wie ein Eingeständnis der Schuld und ein

Ausdruck von Buße, und genau das wies der Aussöhnung den Weg.

Die Reaktion des offiziellen Polen war anfänglich kühl; seine kommunistischen Führer bedurften einer Bundesrepublik, die sich als feindlich und revanchistisch gesinnt darstellen ließ, um die «brüderlichen» Beziehungen mit dem anderen großen Unterdrücker Polens, Russland in Gestalt der damaligen Sowjetunion, zu rechtfertigen. Doch auch in Polen wollten viele die Aussöhnung – sie war ein wesentlicher erster Schritt auf dem Weg zurück nach Europa.

Brandt hatte das begriffen. An jenem Tag in Warschau stellte er in einer Fernsehansprache für seine deutschen Landsleute Geste und Vertrag, Gefühl und Staatskunst in einen größeren Kontext. Er sprach von der Notwendigkeit, die Wirklichkeit zu akzeptieren, um zu einer neuen europäischen Friedensordnung zu gelangen. Brandt muss gewusst haben, dass seine Geste viele seiner Landsleute erzürnen würde, waren sie doch mehr mit ihrem eigenen Leid beschäftigt als mit dem viel größeren Leid der anderen. Große Staatsmänner zeichnet der Mut aus, auch auf die Gefahr einer politischen Niederlage hin das Richtige zu tun – Brandts Beispiel ist da gerade heute von besonderem Wert.

Ich sprach von Brandts Mut zur Demut. Dieser schwierige Mann musste politischen Mut aufbringen, sich der Empörung zuhause zu stellen, die ihm nicht nur von den einflussreichen Vertriebenenverbänden entgegenschlug. Einer damaligen Meinungsumfrage zufolge missbilligte beinahe die Hälfte aller Westdeutschen Brandts Tat und

Geste. Sie verletzte ihre parteipolitischen Überzeugungen wie ihre patriotischen Gefühle (beide werden oft fälschlich für dasselbe gehalten). Wie hoch der Preis, der dafür gezahlt wurde, auch war: Ich kenne keinen vergleichbaren Akt impliziter Buße eines modernen Staatsmanns.

Wir sollten uns daran erinnern, dass Brandts Wahl zum Kanzler selbst ein persönlicher und politischer Erfolg war, der beinahe einem Wunder gleichkam. Der Widerstand gegen ihn war heftig und bösartig. Einem Emigranten stellte man Patriotismus grundsätzlich in Abrede. Er selbst hielt seinen Wahlerfolg, den Aufstieg eines vermeintlichen Außenseiters zur Macht, für einen endgültigen Bruch mit der nationalsozialistischen Vergangenheit.

Erlauben Sie mir eine kleine Abschweifung: War die Wahl Barack Obamas in den Vereinigten Staaten nicht ein vergleichbar verblüffendes Ereignis? Sowohl Brandt wie Obama gehörten Minderheiten an, die gesellschaftlich geächtet gewesen waren; beide wurden nach ihrer Wahl in beinahe gleichem Ausmaß bejubelt und geschmäht. Beide wurden in ihrer Heimat zur Zielscheibe heftigen Hasses und erhielten zahllose Morddrohungen. Im Ausland wurden beide bewundert, und sie erhielten beide den Friedensnobelpreis.

Und noch eine Abschweifung: Wir Amerikaner erinnern uns aus einem anderen Grund an den 7. Dezember: Es war der Tag, an dem die Japaner Pearl Harbor angriffen, ein Verbrechen, das – zusammen mit der drei Tage später erfolgten Kriegserklärung Hitlers – zum Kriegseintritt der Vereinigten Staaten führte; sie leisteten dann einen maßgeblichen Beitrag zum endgültigen Sieg über die Achsenmächte. Amerikas Eintritt in den Krieg katapultierte das Land in eine völlig neue weltpolitische Rolle – ich glaube, dass diese Rolle, so problematisch sie manchmal auch ist, heute oft allzu kritisch gesehen wird. Das amerikanische Verständnis für die polnischen Sehnsüchte reicht bis zum Ersten Weltkrieg zurück, und der Name Woodrow Wilson erinnert an das amerikanische Interesse an einem unabhängigen Polen.

Und noch eine historische Abschweifung. Wir wissen um die Bedeutung politisch-menschlicher Gesten im öffentlichen Leben, und dennoch sind sie selten. Beim Nachdenken über Brandts Tat überlegte ich, ob die moderne europäische Geschichte weitere ähnlich stille, höchst bedeutsame Augenblicke zu verzeichnen hat. Bisweilen enthalten spontane historische Gesten ein Versprechen oder eine Warnung für die Nachwelt. Mir fiel die Selbstkrönung Napoleons am 2. Dezember 1804 ein, als dieser die Kaiserkrone dem Papst aus den Händen wand und sie sich selbst auf das Haupt setzte – auch das die religiöse Geste eines säkularen Menschen, die in Napoleons Fall aber dessen maßlosen Ehrgeiz ausdrückt, der später zu seinem Sturz beitrug. Sie war das genaue Gegenteil von Demut, aber vielleicht lässt sie sich als unbeabsichtigte Vorhersage der tiefgreifenden Veränderungen deuten, welche die Welt erfassen sollten. Haben sich in ihr nicht schon die Transformationen des 19. Jahrhunderts angekündigt? Wenn sich ein korsischer Kleinadeliger selbst zum Kaiser der Franzosen krönen konnte, konnten sich dann nicht auch andere begabte Bürger über die alten Klassenschranken hinwegsetzen und Vorurteile überwinden? Polen nimmt in Napoleons Leben einen besonderen Platz ein – und er auch in der Geschichte Polens: der Warschauer Aufstand 1944 begann, wenn ich mich recht erinnere, auf dem Napoleonplatz, auch wenn er heute einen anderen Namen trägt; ebenso wurde ein Platz zu Ehren Willy Brandts benannt.

Brandts Geste hier in Warschau war die große symbolische Entsprechung zu dem Vertrag, den er unterschrieb, und beides waren wesentliche Elemente des damaligen Umbruchs in der westdeutschen Politik. Brandts Ostpolitik wurde im Westen keineswegs überall begrüßt – in Gegenwart von Egon Bahr, der zurecht als der geistige Vater dieser Politik gilt, scheue ich davor zurück, sie hier zu erläutern, und es möge an dieser Stelle die Bemerkung genügen, dass Brandts eigentliches Ziel der Aussöhnung mit Polen und Osteuropa außer Frage steht.

Mittlerweile sind wir zu der Überzeugung gelangt, dass einer Aussöhnung die Anerkennung vergangenen Unrechts vorausgehen muss. Dies war nicht immer so. Bis in heutige Zeiten werden Konflikte oft damit beendet, dass ein öffentliches Andenken daran verboten wird, dass von der Obrigkeit jedwede Benennung vergangener Grausamkeiten untersagt wird. Dies war im alten Athen so und im Frankreich von 1598, als im Edikt von Nantes explizit verkündet wurde, dass die Taten, die in den Religionskriegen von beiden Seiten begangen worden waren, «ausgelöscht und begraben werden sollen, so als wären sie nie geschehen». Dazu gibt es moderne Entsprechungen, etwa im verordneten Schweigen im postfrankistischen Spanien. Doch die Vergangenheit lässt sich nur selten begraben, auch wenn dieser Gedanke verführerisch ist. In jüngerer Zeit hat sich das in einer Variante des Nichtwissenwollens, vielleicht des Aufpolierens der eigenen Vergangenheit geäußert. Das schiere Ausmaß der bekannten Grausamkeiten, in diesem Fall der deutschen Grausamkeiten – die, wie ich anfügen möchte, zum Teil auch durch die Entfesselung einer latenten europäischen Unmenschlichkeit durch die Deutschen, durch europäische Mitschuld möglich wurden –, ließ sich nicht einfach begraben, sondern verlangte nach einer umfassenden Erklärung.

Und im Laufe der Jahre, langer Jahre, gelang es den Deutschen sehr gut, sich ihrer entsetzlichen Vergangenheit zu stellen, auch wenn man deswegen im eigenen Land heftigen Anfeindungen ausgesetzt war. Die meisten Menschen hätten lieber nichts von den Verfehlungen oder Verbrechen der Vergangenheit gewusst. Wie Friedrich Nietzsche, der einzige Deutsche, der sich jemals erfundener polnischer Vorfahren rühmte, sagte: «Sich selbst n i c h t zu erkennen: Klugheit des Idealisten. Der Idealist: ein Wesen, welches Gründe hat über sich dunkel zu bleiben.»

Aussöhnung ist nie einfach, oft erleidet sie Rückschläge, und manchmal misslingt sie auch ganz. Sie erfordert große psychische und politische Arbeit. Und es wird auch immer Menschen geben, die vergangenes, selbst fernes Leid in fortwährende Unnachgiebigkeit ummünzen. Hinter mir liegt die persönliche Aussöhnung mit meinem Geburtsland Deutschland, aus dem meine Familie vertrieben wurde und das einige meiner Verwandten ermordet hat. Erleichtert wurde mir diese Arbeit der Aussöhnung nicht nur durch mein Bemühen um historisches Verständnis, sondern auch durch deutsche Freunde, europäische Freunde, tiefe persönliche Freundschaften, die den Weg zu einer öffentlichen Aussöhnung bereiteten. Millionen von Europäern erfreuen sich heute grenzüberschreitender Freundschaften: Sie leben, arbeiten und lieben in anderen Ländern – und wir können nur hoffen, dass das gegenwärtige Verstehen die Leiden der Vergangenheit überwindet.

Aussöhnung im Privaten ist notwendig, sie verankert im Persönlichen öffentliche Akte der Aussöhnung, von denen es im Nachkriegseuropa einige bedeutende gab. Ich denke hier etwa an die Schlussakte von Helsinki 1975, die fast unbeabsichtigt eine neue Offenheit versprach und die Unterzeichnenden dazu verpflichtete, in einem gewissen Rahmen Dissens zu gestatten. In Osteuropa war der Widerstand gegen die kommunistische Unterdrückung und den moralischen Verfall immer wieder ausgebrochen, ehe sich 1980, zehn Jahre nach Brandts Kniefall, mit der Entstehung der Solidarność in Gdansk etwas ähnlich Erstaunliches ereignete. Das rote Erkennungszeichen der Solidarność war das sichtbare Symbol jener Bewegung – wir alle wissen, dass sprachliche und nichtsprachliche Symbole, ob offiziell oder nicht, Signale in die Welt senden. Es sollte ein Jahrzehnt vergehen, ehe der Freiheitskampf der Solidarność vom Erfolg gekrönt wurde, und ich weiß, dass auch wohlgesinnte Deutsche diesen großen Kampf missverstanden und die zur Hoffnung Anlass gebende einzigartige Allianz von Arbeitern und Intellektuellen nicht begriffen.

Erlauben Sie mir noch einmal eine persönliche Bemerkung: Ich muss in diesem Zusammenhang an zwei Männer denken, die der Solidarność seit deren Entstehung in Gdansk angehörten: Bronisław Geremek, ein enger Freund und Kollege, der 2006 bei einem tragischen Unfall ums Leben kam, und Tadeusz Mazowiecki, der uns heute mit seiner Anwesenheit beehrt. Der Historiker Geremek beschäftigte sich eingehend mit den Armen und Außenseitern, den im modernen Europa Marginalisierten. Er hatte eine besondere, aber nicht unkritische Nähe zu Frankreich; dieser Kosmopolit war, wie es treffend formuliert wurde, «ein Pole unter Europäern und ein Europäer unter Polen».

Für Geremek und die anderen osteuropäischen Freiheitskämpfer war die Idee eines vereinten Europa ein wichtiges, lohnendes Ziel. Ein gemeinsames Europa, sagte er 1998 bei der Verleihung des Aachener Karlspreises, müsse auf «großen Versöhnungen» beruhen. 1996 bezeichnete er die deutsch-polnische Aussöhnung als «ein politisches Wunder», doch zehn Jahre später bemerkte er, «das kulturelle Klima» der deutsch-polnischen Beziehungen habe sich verschlechtert; er warnte sogar, «die Geister der Vergangenheit sind zurückgekehrt, die Schatten gegenseitiger Abneigung, die Kälte des nationalen Egoismus und des ethnozentrischen Nationalismus» seien wieder da.

2001 hatte ich die Ehre, Pan Mazowiecki einen deutschen Preis verleihen zu dürfen, und dabei hatte ich die Gelegenheit, den polnischen Kampf – mit seiner enormen Wirkung auf die welthistorische Selbstbefreiung Osteuropas und auf die mutigen Bürger Leipzigs im Herbst 1989 – mit folgenden Worten auf Deutsch zu würdigen: «Das Land, das am meisten gelitten hat, hat am meisten geleistet.»

Es ist ein etwas oberflächlicher und ausgesprochen gnädiger Blick auf das Europa der Nachkriegszeit, wenn man seine Geschichte – trotz des vielen Blutvergießens – als eine beispiellose, vielfache zwischen- und innerstaatliche Aussöhnung zunächst in Westeuropa und dann in fast ganz Europa liest. Dennoch möchte ich den wesentlichen Zusammenhang zwischen einer inneren Aussöhnung und der Aussöhnung mit anderen Ländern hervorheben. Und was hat Westeuropa auf diesem Feld alles erreicht: nicht nur die französisch-deutsche Verständigung, nicht nur die allmähliche Entwicklung hin zu einer Europäischen Union, sondern auch innere Reformen, die zu mehr Gleichheit und Sicherheit für alle Bürger führten. Wenn ich es sehr verkürzt sagen darf, dann ist der europäische Wohlfahrtsstaat in seinen vielen Formen eine historische Leistung, eine bis dato unerreichte Zunahme an menschlichem Anstand.

Es ist eine poetische und politische Wahrheit, dass Tragödien alten Streit überwinden helfen können. Shakespeare hat in *Romeo und Julia* eine solche Tragödie in einem «aus altem Zwist» entzweiten Verona spielen lassen. Da heißt es:

«Ein Unglückspaar geht liebend bis ins Grab,
durch deren tragisches Geschick und Tod
dann auch der Eltern Zank ein Ende hat.»

Nur der Tod der beiden Liebenden konnte die Capulets und die Montagues versöhnen; und damit beendete eine große Tragödie den Streit.

Bei diesen Überlegungen wurde ich vor einigen Wochen von den Worten des russischen Präsidenten Dmitrij Medvedev überrascht. Er sagte in seiner Ansprache zu dem tragischen Flugzeugabsturz, bei dem viele Mitglieder der polnischen Führung umkamen, die auf dem Weg zu einer Gedenkfeier für das Massaker von Katyn waren, dem Ort eines schrecklichen Verbrechens: «Lassen Sie uns auf die aktuelle Entwicklung der russisch-polnischen Beziehungen blicken. Ein sehr tragischer Vorfall hat beiden Ländern die Möglichkeit eröffnet, jene Schritte nach vorne zu tun, die ihnen aus irgendwelchen Gründen, auch irrationalen Gründen, zuvor unmöglich waren. Ich glaube, dass es heute ganz einfach unsere Pflicht ist, die Pflicht sowohl der russischen wie der polnischen Führung, diese Schritte zu tun. Nun haben wir die Gelegenheit, ein Kapitel mit vielen traurigen Seiten unserer Geschichte zu schließen, und wir können dies bewusst und, wenn Sie so wollen, auf vornehme Weise tun. Allerdings gibt es in der Gesellschaft noch immer einige, die diese Argumente nicht anerkennen.»

Wir wissen nur zu gut, dass es zahlreiche Tragödien gegeben hat, eine schreckliche Fülle von «traurigen Seiten», die als Fundament einer besseren Welt dienen könnten und, so wollen wir hoffen, dies auch werden. Aber wir wissen auch um die zentrale Rolle der Gefühle in der Politik, wissen um die heftige Bitterkeit, die ungeheure, bedauerliche Macht blinden Ressentiments. Lassen Sie uns kurz einen Blick auf das Ende der Weimarer Republik werfen – ein für viele noch heute erschütterndes Schauspiel der Selbstzerstörung, als die in der Parteidoktrin verfangenen deutschen Kommunisten Hitler als bloßes Werkzeug des Monopolkapitalismus betrachteten und ihn daher in tragischer Weise unterschätzten; sie konnten nicht verstehen, dass er vor allem an die Macht gebracht wurde, weil die Gefühle von Millionen verarmter Deutscher verroht und getäuscht worden waren.

Nach der Tragödie von Hitlers Krieg entfachte das Ideal eines friedlichen und vereinten Europa die Leidenschaft vieler Europäer. Seit diese Leidenschaft nachgelassen hat und Europa sich vielen seiner Bürger als ein alltägliches bürokratisches Ausfechten kleinlicher Rivalitäten darstellt, bedarf es womöglich einer größeren Krise als der heutigen, um die nötige Leidenschaft für Europa wiederzuerwecken, und es wird bedeutender Führungsfiguren bedürfen, eine solche Erneuerung zu lenken.

Was heute geschieht, ist ein Schritt in die richtige Richtung. Allein die Anwesenheit der Staatsoberhäupter zweier lange nur durch Streit und Unfrieden verbundener Nachbarstaaten, die sich heute in gegenseitig versicherter Harmonie und im Geist der Aussöhnung begegnen, zeugt von der Erneuerung der unausgesprochenen Voraussetzung für ein zur Ruhe gekommenes, friedliches Europa. Dies erfüllt uns mit Hoffnung und Dankbarkeit, doch ich hege noch einen größeren Wunsch: dass wir über Europa hinausgehen, dass wir all dies innerhalb eines westlichen Rahmens denken, in dem in irgendeiner Weise auch die

Vereinigten Staaten enthalten sind, die in ihren besten Momenten immer auch die europäische Integration gefördert haben. Die Idee des Westens und seiner liberalen Ideale ist im Moment etwas verblasst. Aber einst war der Westen als Ganzes synonym mit der Aufklärung, und in deren klugem Geist wurden auch die Vereinigten Staaten geschaffen. Viele Menschen in meinem Land haben sich von den Grundsätzen der Aufklärung abgewandt, ja, gegen sie gewandt, und der Westen befindet sich in einer sehr schwierigen Phase.

Wirtschaftliche Schwäche, das moralische Versagen eines Kapitalismus genannten dynamischen Systems und bröckelnder sozialer Zusammenhalt haben überall auf der Welt einer Versuchung zur Fremdenfeindlichkeit Vorschub geleistet, genauso wie der Neigung, sich wirtschaftlich auf Kosten der Nachbarstaaten zu entwickeln.

Die Leidenschaft für Europa wird auch durch Europamüdigkeit bedroht, und unter dem Mantel einer Sparpolitik müssen angeblich Sozialleistungen und Kulturförderung gestrichen werden. Niedergang im Verbund mit Ungleichheit führt zu Wut und Ressentiment. Aber die Superreichen – seien es nun Staaten oder einzelne Menschen – sollten den weniger Begünstigten oder weniger Mächtigen keine Sparmaßnahmen aufzwingen.

In dem Leid und den Auseinandersetzungen, die wir heute erleben, bedarf es erneut der Runden Tische, im Geiste, vielleicht aber auch ganz real; wir bedürfen der Aussicht auf Gerechtigkeit und Besserung; und wir bedürfen des Muts zur Demut. Was vor vierzig Jahren in Warschau begann, muss heute mit Umsicht fortgesetzt werden, nämlich ein neuerliches Bekenntnis zu «Mehr Demokratie wagen», und das bedeutet heute möglicherweise, die demokratische freiheitliche Toleranz selbst, die Herrschaft des Rechts und die Sicherheit der Bürger zu verteidigen. In den vergangenen Jahrzehnten haben wir unermesslichen Schrecken benannt und überwunden; nun müssen wir das pflegen und verteidigen, was im zurückliegenden halben Jahrhundert mit Umsicht und Leidenschaft, durch das Handeln von Deutschen und Polen, durch Europäer in diesem nur auf Widerruf vereinten europäischen Kontinent erreicht wurde.

NACHRUFE

Ralf Dahrendorf

(2010)

Vor sechs Jahren war es eine freudige Ehre, Lord Dahrendorf dem Orden vorzustellen; heute ist es eine traurige Aufgabe, uns von ihm zu verabschieden.

Ralf Dahrendorf ist am 1. Mai 1929 in Hamburg geboren und am 17. Juni 2009 in Köln gestorben, auf dem Friedhof Ohlsdorf in Hamburg wurde er begraben an der Seite seiner Eltern. Unser Ordenskanzler hielt die würdige Trauerrede.

Am Anfang von Ralfs Leben stand Gustav Dahrendorf, sein Vater, den er in seinen Erinnerungen als «Vorbild und Mentor» und als «Mann der Arbeiterbewegung» bezeichnete. Ralf wuchs auf in Hamburg und Berlin in einer eher bescheidenen Familie, beseelt von den Idealen der Vorkriegs-Sozialdemokratie und der emanzipatorischen Arbeiterbewegung. Gustav Dahrendorf gehörte dem letzten freien Reichstag an, 1932, als Abgeordneter der SPD, einer ihrer jungen Hoffnungsträger. Er wurde bereits 1933 verhaftet und gepeinigt und dann nach 1944, nach Beteiligung an dem Attentat auf Hitler, erneut verhaftet und zu sieben Jahren Zuchthaus verurteilt. Monate nach seinem frühen Tode, 1954, veröffentlichte Ralf Schriften seines Vaters, *Der Mensch: das Maß aller Dinge*. In einer schlichten, vorbildlich geschriebenen Würdigung seines

Vaters hat Ralf, so scheint es mir, sein eigenes Leben vorweggenommen. Diese Würdigung mag man als unbewusstes Credo betrachten; Ralf erscheint als Prophet seines eigenen Wirkens, seines so oft neu gestalteten Lebens, in dem die Treue zum Prinzip der Freiheit die Kontinuität darstellte. Aus diesem Jugenddokument möchte ich kurz zitieren.

Dass Gustav Dahrendorfs Reden oft einen autobiographischen Charakter durchschimmern ließen, belege nur, so schrieb Ralf, «wie vorbehaltlos Gustav Dahrendorf in jedes Wort, das er sprach oder schrieb, die Kraft seiner Persönlichkeit hineingegeben hat». Das menschliche Handeln nur um der Bewegung, um des Beschäftigtseins willen ist zwar ein verbreitetes Mittel der angstvollen Menschen unserer Welt, der bedrückenden Leere unerfüllter Zeit zu entfliehen, doch hat es mit dem Leben der Tat nur den äußeren Anschein gemein. Das tätige Leben ist ein Leben sinnvollen Handelns. Es dürfte schwerfallen, unter den Männern der heutigen deutschen und selbst europäischen Politik viele zu finden, die sich der gleichen Unbestechlichkeit, der gleichen Gefeiltheit gegenüber den mannigfachen Anfechtungen totalitärer Staaten rühmen können, die Gustav Dahrendorf wie selbstverständlich aus dem Innersten seiner Persönlichkeit erwuchs. Denn wie kommt ein Mann dazu, Beruf und Sicherheit aufzugeben, sich in Konzentrationslager und Zuchthaus werfen, prügeln und misshandeln zu lassen, um des Kampfes gegen den Totalitarismus willen? Er kannte keinen Kompromiss mit den Mächten der Unfreiheit. Noch im Jahre 2002 schrieb Ralf Dahrendorf: «Bis heute ist für mich die Welt meines Vaters der Inbegriff des Guten in der deutschen Tradition.»

Wie viele Parallelen mit Ralfs späterem Leben! Auch sein so vielfältiges Schaffen beschrieb die Kraft seiner Persönlichkeit, und sein Leben bestand aus «sinnvollem Handeln». Sein Wirken war geprägt durch die Erfahrung des bejubelten Nationalsozialismus; wie die Besten seiner Generation wollte er aus der Vergangenheit lernen, um demokratische Zukunft zu gestalten. Mit eigenen Augen erlebte der Sohn die Erniedrigung des Vaters, eine Erinnerung, die seinen lebenslangen Einsatz für Anstand in der Gesellschaft bedingte. Ralf selbst wurde als Mitglied einer kleinen Opponentengruppe unter Schülern in ein Konzentrationslager verschleppt, sein Leben ist Beweis für Heines Glauben, dass «Freiheitsliebe eine Kerkerblume ist».

Ralf Dahrendorf war ein freier, großer Mann, der in so vielen Bereichen Großartiges geleistet hat: als führender Wissenschaftler, als Lehrer, als Mahner in der Öffentlichkeit, als Politiker, als Parlamentarier und stets als engagierter Beobachter. Er war wohl der erste deutsche Sozialwissenschaftler, der die neuen Wege anglo-amerikanischer Wissenschaft in fairer, kritischer Sicht übermittelte. Nach dem deutschen Doktorat erhielt er seinen zweiten Doktor an der berühmten London School of Economics, von wo er 1954 zurück nach Deutschland kam – als Links-Liberaler – wobei das Liberale seine Lebenssignatur wurde. In den Jahren 1957/58 war er Fellow am Center for Advanced Study in Kalifornien – hier begann unsere lebenslange Freundschaft.

Er hat in der frühen Bundesrepublik für ein demokratisches Erziehungswesen gefochten, er hat das grundlegende Werk über die Aufgaben der Bundesrepublik im Hinblick auf die Vergangenheit geschrieben: *Gesellschaft und Demokratie in Deutschland*. Er hat als junger Professor an deutschen Universitäten gelehrt, die Universität Konstanz hat er mitbegründet. Er hat Universitäten 1968 gegen Gewalt verteidigt und begann eine politische Karriere in der damals liberalen FDP, wurde Abgeordneter im Stuttgarter Landtag und später im Bundestag, war Parlamentarischer Staatssekretär im Walter Scheelschen Auswärtigen Amt während der sozialliberalen Koalition, wurde Kommissar in Brüssel; er war und blieb «ein deutscher Europäer», der die Schwächen Brüssels besser verstand als viele der heutigen Kritiker und Nörgler; von 1974 bis 1984 stand er der London School of Economics vor, später für ein Jahrzehnt dem St. Antony's College in Oxford – in allen seinen Verantwortungen hat er Institutionen und Menschen bereichert.

Bei aller Leidenschaft, die er seinen Tätigkeiten widmete, fehlte es nie an Kritik und Selbstkritik; auch darin war er ein Mann der Aufklärung. Er verhehlte nicht seine privaten, oft sehr scharfen Gedanken über Mitbürger und Institutionen, die kritische Sicht war ihm angeboren. Er machte sich auch Gedanken über den Orden, über sein Befinden und oft auch, eher traurig, über die Nicht-Gewählten.

Was ihn von früh an auszeichnete, war sein Verständnis für die notwendigen Bedingungen der Freiheit, daher auch die empirischen Studien der unabdingbaren sozialen Umwelt. Wie einer seiner Vorbilder, Alexis de Tocqueville, hat Dahrendorf stets das soziale Umfeld berücksichtigt und grundlegende Schriften zur politischen Kultur in Deutschland, England und Amerika verfasst.

Er war ein begnadeter Schriftsteller und Redner in mindest zwei Sprachen: Karg, pointiert, von blendender Präzision, Analyse vermenschlicht durch Ironie und dem Leser übergeben mit offenen Fragen zum Nachdenken. Als junger Soziologe, mit beneidenswerter europäischer Bildung ausgerüstet, war er bereits ein führender Geist in seinem Fach – mit dem sehr bald und hoffnungsvoll der Name Max Weber verbunden wurde.

Der gebürtige Hamburger hatte von jeher eine besondere Verbindung zur anglophonen Kultur; als junger Mann Student in London, auf einem primitiven Frachter erreichte er Amerika, alles Neue mit kritischer Empathie aufnehmend. Von Brüssel zog er nach London – ein symbolträchtiger Wechsel; dort wurde er wie kein anderer Ausländer als geistige Autorität wahrgenommen; die Königin schlug ihn zum Ritter, 1988 wurde er britischer Staatsbürger, 1993 erhielt er eine *life peerage*, die ihn zum Mitglied des englischen Oberhauses machte, eine Verantwortung, die er freudig wahrnahm – ohne sein Wirken in Deutschland einzuschränken. In den letzten Jahrzehnten lebte er an vielen Orten, reiste und raste um die Welt, gefordert von Gremien und breitestem Publikum. Sein besonderes Engagement galt dem englischen Oberhaus, aber ich habe ihn auch als engagierten Bürger im kleinen Bonndorf im Schwarzwald erlebt.

Ein leichtes Leben war ihm fremd, er wusste, dass

«mich kaum etwas aus der Unruhe» bringen kann. Er konnte sie verbergen, diese Unruhe, aber sie war Triebfeder seiner Kreativität. Und doch, es gab den privaten Ralf, den Vater und Freund, den Dichter, der sich selbst so sehr im Griff hielt, dass er viel von seinen musischen Neigungen dem öffentlichen Leben opferte. Seine Förmlichkeit verschleierte die Zuneigungen, auch die Liebe, die er empfand – und um diese Seite auch nur anzudeuten, darf man seine frühe, nie erloschene Liebe zu Italien erwähnen.

Dahrendorfs außergewöhnliches Ansehen setzte er um in Wirksamkeit. Die unwahrscheinliche Zahl von Ehrendoktoraten aus aller Welt bezeugt dieses Ansehen, das er genoss – im doppelten Sinne des Wortes. Er, der die Werte des Westens verstand und verkörperte, konnte die Selbstbefreiung des Ostens 1989 miterleben und mitgestalten: Für ihn, wie für viele von uns, war 1989 das freudigste Jahr in unserem politischen Leben.

Als er 2004 in den Orden eintrat, galt noch, wie er sich zu jener Zeit beschrieb: «... so bin ich in Wahrheit immer achtundzwanzig gewesen und werde das wohl auch für den Rest meiner Tage bleiben.» Wir können uns dankbar an seine Teilnahme erinnern, gekennzeichnet durch geistige Brillanz, durch kühne Weisheit und durch seinen strengen Charme.

Sein Vortrag im Orden in Wien 2004 über die Arbeitsgesellschaft war ein Beispiel seiner Fähigkeit, innovative Analyse mit empirischen Belegen zu verbinden, wie auch das Strukturelle mit menschlichem Leben, und beides zu vertiefen durch Hinweise auf die griechische Antike, auf

Karl Marx und auf die neueste Literatur. Er schloss seinen Vortrag mit einem Bekenntnis zur offenen Gesellschaft: «Ich weiß vor allem, daß es auch ganz anders kommen kann, sogar zur Rückkehr zur alten Arbeitsgesellschaft in ihrer ganzen überlebensnotwendigen Härte.» In fast jeder Unterhaltung mit ihm spürte man sein blitzartiges Urteilsvermögen, intuitiv verbindend sein Wissen und seine Interessen.

Seine letzten drei Jahre waren erschwert durch nie ganz besiegte Krankheiten, in denen er die Fürsorge seiner Familie und Freunde spüren konnte. Und selbst dieser harten Zeit der ungewohnten Schwäche hat er viel Arbeit abgetrotzt. Die Plagen des Alters aber blieben ihm nicht erspart.

In den letzten zwei Jahrzehnten in gemeinsamem Gedankenspiel spekulierten Ralf und ich gelegentlich, was alles im neuen Jahrhundert verlorengehen würde: Autos, Zeitungen, die alte Universität, und wie, wenn überhaupt, würden sie ersetzt werden?

Dass Ralf selber nicht mehr leben würde, das war und bleibt unvorstellbar, für ihn gibt es keinen Ersatz, nur Dankbarkeit und Vertiefung in seinen Geist.

Wir alle werden ein großartiges Mitglied vermissen, ich beklage meinen ältesten Freund.

Bronisław Geremek

(2009)

Bronisław Geremek starb am 13. Juli letzten Jahres durch einen Autounfall. Im Jahre 2002 wurde er von seinem Kollegen Horst Fuhrmann in vollendeter Form in den Orden eingeführt. Geremek war nur eine kurze Zeit unter uns, doch wie hat er uns bereichert: mit seinem Vortrag in Görlitz, in vielen Gesprächen und einfach mit seiner Anwesenheit. Es ist mir anvertraut worden, Gedenkworte zum Abschied von diesem großen Historiker, Staatsmann, polnischen Patrioten und überzeugten Europäer zu übermitteln.

In einer seiner Meisterstudien über die lang währende Diskriminierung der Aussätzigen im Mittelalter hielt Geremek plötzlich inne und bemerkte: «Dennoch erstaunt – und hier berufe ich mich auf das Recht und bisweilen die Pflicht des Historikers zu staunen –, wie jäh sich die Einstellung des mittelalterlichen Menschen gegenüber den Aussätzigen änderte.» Ja, auch wir haben das Recht zu staunen und die Pflicht, das wirklich Außergewöhnliche darzustellen. Pan Geremek war die verkörperte Außergewöhnlichkeit, und ich staune über seinen Lebenslauf – staune und bewundere.

Er hat Geschichte erlebt, erlitten, erforscht und am Ende entscheidend mitgestaltet. Geremek wurde 1932 als

Kind jüdischer Eltern in Warschau geboren und ist mit sieben Jahren in die Hölle des Warschauer Ghettos verschleppt worden. Von dort wurden seine Mutter und er in letzter Stunde gerettet, und der christliche Retter wurde dann Bronisławs Stiefvater. Sein leiblicher Vater wurde in Auschwitz ermordet.

Danach wuchs Geremek in einem katholischen Milieu auf und entschied sich für das Geschichtsstudium. Als Achtzehnjähriger trat er der Polnischen Vereinigten Arbeiterpartei bei – in der Hoffnung, die marxistische Partei würde ein Bollwerk gegen den Faschismus sein. Mitte der 1950er Jahre konnte er sein Studium des Mittelalters und der frühen Neuzeit in Paris fortsetzen. «Am Ufer der Seine bin ich Historiker geworden.» In Paris, wo die Vergangenheit noch so lebendig ist, beendete er nicht nur sein Studium, sondern entwickelte sein Wissen über und seine Liebe zu Frankreich – eine Liebe, oft enttäuscht und nie erloschen. Er fand seinen Platz unter den so vielversprechenden neuen französischen Historikern, kurz genannt die Annales-Schule, dort fand er Freunde wie Jacques Le Goff. Geremek widmete sein Studium den «Armen» und den «Ausgeschlossenen», den «Bettlern» und den «Vagabunden», um ihnen – wie er oft betonte – «das Recht auf Geschichte» zu gewähren. Also Historie als Mittel der Gerechtigkeit! Wie weit ihn seine eigene Erfahrung getrieben hat, blieb wohl in seinem Unterbewusstsein verschlossen. Einfühlung in das Leben anderer und gerade der Armen und Vergessenen begleitete sein Leben. In seinen historischen Werken hat er von Karl Marx gelernt, hat seine Augen auf die soziale Wirklichkeit gerichtet, und wie Marx fand er Inspiration bei Dichtern und Schriftstellern, bei François Villon, Joseph Conrad, Solschenizyn und Albert Camus.

Zurück in Polen, konnte er sich nicht dem Politischen entziehen. Im August 1968, im Augenblick des sowjetischen Angriffs auf die Tschechoslowakei, gab er sein Parteibuch zurück. Es war dies ein Akt des mutigen Gewissens, und er war sich selbst über die damit entstandenen Risiken im Klaren. In den späten 1970er Jahren gehörte er zu dem eindrucksvollen Kreis von Dissidenten. Als im August 1980 der Werftarbeiterstreik in Gdansk begann, wurden Geremek und sein Freund und ihm gleichgesinnter Dissident Tadeusz Mazowiecki zu Lech Wałęsa gesandt, um ihm eine Solidaritätserklärung von 69 polnischen Intellektuellen zu übergeben. Wałęsa behielt Geremek an seiner Seite, und in den darauffolgenden 18 Monaten entdeckte Geremek in täglicher Praxis seine Fähigkeiten als Politiker und als Diplomat, er setzte sein Leben für die Freiheit seines Landes ein. Solidarność war geboren, eine politische Gemeinschaft, der Millionen von Polen angehörten und die schließlich die Welt veränderte. Und Geremek wusste, wie eng sein Geschichtsbewusstsein und seine politische Tätigkeit miteinander verbunden waren.

Geremek und ich haben uns zum ersten Mal im Sommer 1979 getroffen: Er war ein Mann, der mir seine Freundschaft geschenkt hat und der mir erlaubte, mich mit ihm verbunden zu fühlen. Unvergesslich, diese erste Begegnung in der polnischen Akademie der Wissenschaften, wo er Direktor der Mittelalterlichen Abteilung war.

Wir gingen vom Büro ins Café und sprachen von gemeinsamen Freunden und Interessen, aber auch in großer Offenheit über die verheerende wirtschaftliche Lage Polens. War mir die «fliegende Universität» ein Begriff? Kurz erklärt: eine Tradition der unterdrückten Polen schon aus dem 19. Jahrhundert, geheime Treffen, wo Lehrer und Studenten in Kellern und Kirchen die vorgeschriebene Orthodoxie über die Vergangenheit und Gegenwart gemeinsam korrigierten. Wäre ich bereit, fragte er, dort einen Vortrag zu halten? Eine größere Ehre konnte ich mir kaum vorstellen, und Geremek bemerkte schlicht: «Gut, ich bin nämlich der Programmdirektor.» So lebte er bereits damals in zwei Welten, in der offiziellen Akademie und im geheimen Untergrund.

Mein erster Eindruck von Geremek – seine außergewöhnliche Intelligenz und seine menschlichen Qualitäten – vertiefte sich in den vielen folgenden Begegnungen, gerade auch in seiner von Büchern vollgestopften Wohnung in dem alten Stadtteil von Warschau – jenem Teil der völlig zerstörten Stadt, der zuerst Stein für Stein wiederaufgebaut wurde, in Treue zur nationalen Vergangenheit. Dies blieb seine Heimat, seine Arbeitsstelle, bis er vor ein paar Jahren etwas unwillig in eine größere, moderne Wohnung zog.

Er war prädestiniert für seine führende Rolle in Solidarność. Zum ersten Mal in der bolschewistischen Welt wurde eine freie Gewerkschaft und somit die Zivilgesellschaft anerkannt. Das Regime versuchte sie zu unterdrücken. Im Dezember 1981 wurde das Kriegsrecht verhängt, Bronek – sein Freundschaftsname – wurde festgenommen, und eine wüste antisemitische Kampagne zur sogenannten Entlarvung des ehemaligen Juden begann. Geremek wurde 1983 erneut verhaftet, und wieder haben seine ausländischen Kollegen und besonders seine bundesrepublikanischen Kollegen öffentlich protestiert. Schließlich kam es zu Verhandlungen zwischen kommunistischer Herrschaft und Opposition – ein einzigartiger Vorgang. Geremek war Miterfinder des «runden Tisches», jenes Symbols des Brechens mit «Freund-Feind-Denken» in der Hoffnung auf Kompromiss und Verständigung. Im Sommer 1989 nach der ersten freien Wahl im sowjetischen Block wurde Tadeusz Mazowiecki zum Ministerpräsidenten ernannt, Geremek war an seiner Seite; bereits im September 1989 erklärte er, dass Deutschlands Vereinigung im Interesse Polens liege. Wenn wir uns heute an 1989 erinnern – dem glücklichsten Jahr in Europas fürchterlichstem Jahrhundert –, dann sollte man der Solidarność gedenken, den polnischen Papst würdigen und sich bewusst sein, wie gerade der Fall der Berliner Mauer mit polnischen Verdiensten verbunden war.

Geremeks Leben war gekennzeichnet von seinem Wunsch nach «Versöhnung» und «Verständigung». Und wieviel Unterschiedliches er in sich selber verbunden hat: mehrere Kulturen, Religionen und Nationen, Berufe, Hoffnungen und Sorgen – Verschiedenheiten, getragen in der stillen Stärke seines Wesens, mit Mut und menschlicher Souveränität. Vielleicht war in ihm selbst so etwas verborgen wie ein «runder Tisch» für seine eigenen Gefühle, der ihm ein ausgeglichenes Leben ermöglichte.

Im Zuge der friedlichen Revolution in Polen wurde

Geremek zum Außenminister seines Landes – er, der, wie er oft sagte, von Europa geträumt hatte, konnte Polens Mitgliedschaft in der NATO unterzeichnen, ein Akt von großer symbolischer Bedeutung für sein Land, die Aufnahme in einem erhofften neuen Europa. Geremek war der erste große Historiker nach Alexis de Tocqueville, der zum Außenminister seines Landes berufen wurde. In Temperament und Tiefe, in der liberalen Grundgesinnung als Moralisten, gab es ohnehin Gemeinsamkeiten mit Tocqueville.

Er war sich der besonderen Aufgaben des Historikers bewusst: als Diener der Freiheit und der Wahrheit, auch – wie er oft betonte – der schmerzhaften Wahrheit, denn nur Wahrheit ermöglicht Versöhnung.

Als Historiker und Citoyen hatte er ein großes Vorbild in Marc Bloch, dem französischen Mediävisten, bei dem – wie er heraushob – Einheit von Leben und Werk so eindrucksvoll und prägend war wie übrigens auch bei Geremek. Bloch wurde selbst Mitarbeiter der Résistance und von der Gestapo gefoltert und ermordet. Geremeks Hommage an Bloch aus dem Jahre 1986 endete mit den Worten: «on peut mourir pour Danzig». Das war ein Gegenruf auf jene Franzosen, die 1938/39 bereit waren, Polen zu opfern, um ihren eigenen Frieden und Wohlstand zu erhalten. Aber es war gleichzeitig ein Bekenntnis, dass Geremek und seine Mitstreiter bereit waren, ihr Leben für die Arbeiter von Gdansk, für die Freiheit Polens einzusetzen. Geremek betrachtete die Teilnahme am politischen Leben als einen selbstverständlichen Schritt für den Historiker. Er erzählte einst von einem fünfstündigen

Verhör, bei dem er nur schweigend dagesessen hätte. Am Ende sagte sein Peiniger: «Ach, Sie wissen ja, daß Politik ein schmutziges Geschäft ist.» Von dem Moment an war Geremek entschlossen, das Gegenteil zu beweisen – dass Politik auch mit Anstand und Friedfertigkeit zu verbinden sei. Und man darf behaupten, sein ganzes Leben stellte ein Beispiel von unbeugsamer Zivilcourage und Anstand dar.

Es ist mir nicht möglich, sein Wirken in den letzten Jahren auch nur anzudeuten. Mit Recht hat er den Karls-Preis in Aachen erhalten. Er war – wie Mazowiecki bei der großen Trauerfeier in Warschau sagte – «ein Pole unter Europäern» und «ein Europäer unter Polen». Er hat sich stets für die Gestaltung eines neuen Europa eingesetzt, eines Europa, das den neuen Mitgliedern aus dem ehemaligen Sowjetblock mit Verständnis und Hilfe entgegenkommen würde. Er hatte Erfolge, aber erlitt auch viele Enttäuschungen, besonders in seinem eigenen Land, wo Ressentiment mit antisemitischer Couleur ihm entgegenschlug.

Bis zum letzten Tage blieb er geschätztes Mitglied des Europäischen Parlaments, als Verteidiger der Werte der Aufklärung, als Meister der Geschichte und ihrer Lektionen. Er lebte im Geist von 1989, der zu verblassen drohte. In sich vereinigte er die widerstrebenden Strömungen Europas; er war ein Mann, der die Kraft der Emotionen wie auch die Macht der Interessen verstand. Er wusste, dass er Wunsch und Wirklichkeit nicht verwechseln durfte, er blieb ein visionärer Realist. Die Leidenschaft für ein neues Europa, das sich seiner Verbrechen und seiner guten Traditionen bewusst sein würde, blieb ihm bis zuletzt.

Europa hätte mehr auf ihn hören sollen. Er wirkte belebend in so vielen Welten, und seine Stimme der praktischen Vernunft hätte mehr Gehör verdient. Aber vielleicht ist es das menschliche Schicksal gerade der Besten und der Bescheidensten, dass die wirkliche Größe eines Menschen erst nach dem Tode erkannt wird. Sein Verlust belehrt uns.

Der Orden darf dankbar seiner gedenken. Ich trauere um einen einzigartigen Freund.

Anmerkungen

Fritz Haber: Größe und Tragik seines Lebens und seines Landes

1 J. S. Rigden, *Rabi: Scientist and Citizen,* Basic Books, New York, 1987, S. 73.
2 C. Nottmeier, *Adolf von Harnack und die deutsche Politik 1890 – 1930,* Mohr Siebeck, Tübingen, 2004, S. 266.
3 Karl-Dietrich Erdmann, *Kurt Riezler, Tagebücher, Aufsätze, Dokumente,* Göttingen, 1972.
4 L. F. Haber, *The Poisonous Cloud. Chemical Warfare in the First World War,* Oxford University Press, Oxford, 1986, S. 292.
5 M. Dunikowska, L. Turko, *Angew. Chem. Int. Ed. Engl.* 2011, *50,* 10050–10062; *Angew. Chem.* 2011, *123,* 10226–10240.
6 U. Deichmann, *Flüchten, Mitmachen, Vergessen: Chemiker und Biochemiker in der NS-Zeit,* Wiley-VCH, Weinheim, 2001, S. 101
7 J. Lemmerich, *Science and Conscience. The Life of James Franck,* Stanford, 2011, S. 249.
8 ebd., S. 263
9 ebd., S. 283

Das gemeinsame Haus Europa

1 Vgl. Stanley Hoffmanns Essay «The European Community and 1992», in: *Foreign Affairs,* Herbst 1989.
2 Michail Gorbatschow: «Perestroika ist eine Revolution», in:

Der Spiegel, Nr. 47, 16.11.1987, S. 200 (einsehbar unter http://www.spiegel.de/spiegel/print/d-13526298.html).

3 Valentin Falin, zitiert nach John Tagliabue in: *The New York Times*, 3. Oktober 1989.

4 Gorbatschow: «Perestroika ist eine Revolution», a. a. O., S. 204.

5 Eine lebhafte Schilderung dieser Zeit bietet Robert Marjolin: *Meine Leidenschaft für Europa*. Baden-Baden: Nomos 1988.

Quellenangaben

Dankesrede für die Verleihung des Friedenspreises. Rede bei der Verleihung des Friedenspreises des Deutschen Buchhandels am 17. Oktober 1999 in Frankfurt am Main; Erstveröffentlichung: Börsenverein des Deutschen Buchhandels.

Der 20. Juli. Rede am 20. Juli 2010 im Ehrenhof der Gedenkstätte Deutscher Widerstand in der Stauffenbergstraße, Berlin; Erstdruck: C.H.Beck, München 2011.

Fritz Haber: Größe und Tragik seines Lebens und seines Landes. Rede zur Hundertjahrfeier des Fritz-Haber-Instituts der Max-Planck-Gesellschaft am 28. Oktober 2011 in Berlin; Erstveröffentlichung: Angewandte Chemie 2012, 124 (1), S. 50–58. Aus dem Englischen übersetzt von Birgit Brandau.

Entzaubertes Amerika? Vortrag an der Ludwig-Maximilians-Universität München (Munich History Lecture, 31. Oktober 2011); bisher unveröffentlicht.

Über Freiheit und Exil in Heinrich Heines Welt und in der unseren. Vortrag an der Humboldt-Universität zu Berlin (Willy Brandt Lecture, 11. Juni 2015); Erstveröffentlichung: Frankfurter Allgemeine Zeitung vom 27. Juni 2015.

Einstein in verkannter Einsamkeit. Rede beim Festakt der Deutschen Physikalischen Gesellschaft an der Technischen Universität Berlin am 6. Marz 2005; Erstveröffentlichung: Physik Journal 4 (2005) Nr. 8/9, S. 45–49.

Betrachtungen zur deutschen Wiedervereinigung. Rede im Jewish Theological Seminary in New York, 12. November 1990; bisher unveröffentlicht. Aus dem Englischen übersetzt von Andrea Stumpf.

Das gemeinsame Haus Europa. Erstveröffentlichung: The Common House of Europe. The New York Review of Books, Band 36, Nr. 19 (7. Dezember 1989), S. 6–10. Aus dem Englischen übersetzt von Andrea Stumpf.

Das Deutschland, das ich nicht kannte. Rede an der Deutschen Botschaft in London, 27. März 2008; bisher unveröffentlicht. Aus dem Englischen übersetzt von Andrea Stumpf.

Der Kniefall Willy Brandts. Rede zum Gedenken an den Kniefall Willy Brandts vor dem Denkmal für die Helden des Aufstandes des Warschauer Ghettos, Konferenz am 7. Dezember 2010 im Königsschloss Warschau; bisher unveröffentlicht. Aus dem Englischen übersetzt von Andrea Stumpf.

Ralf Dahrendorf. Erstveröffentlichung: Orden Pour le mérite für Wissenschaften und Künste, Reden und Gedenkworte Band 38, 2009/10 (Göttingen 2010), S. 29–34.

Bronisław Geremek. Erstveröffentlichung: Orden Pour le mérite für Wissenschaften und Künste, Reden und Gedenkworte Band 37, 2008/09 (Göttingen 2009), S. 53–58.

FRITZ STERN bei C.H.Beck

Fünf Deutschland und ein Leben

Erinnerungen
Aus dem Englischen von Friedrich Griese
9. Auflage. 2009. 675 Seiten. Mit 27 Abbildungen auf separatem Tafelteil (12 Seiten). Leinen

Gold und Eisen

Bismarck und sein Bankier Bleichröder
Aus dem Englischen von Otto Weith
2. Auflage. 2011. 861 Seiten mit 38 Abbildungen. Paperback
Beck'sche Reihe Band 1849

Verspielte Größe

Essays zur deutschen Geschichte
3., durchgesehene und erweiterte Auflage. 2005. 317 Seiten. Paperback
Beck'sche Reihe Band 1246

Das feine Schweigen

Historische Essays
1999. 187 Seiten. Gebunden

Verlag C.H.Beck München

FRITZ STERN bei C.H.Beck

Helmut Schmidt/Fritz Stern

Unser Jahrhundert

Ein Gespräch
6. Auflage. 2011. 287 Seiten. Gebunden

Joschka Fischer/Fritz Stern

Gegen den Strom

Ein Gespräch über Geschichte und Politik
2013. 224 Seiten. Gebunden

Fritz Stern/Jürgen Osterhammel

Moderne Historiker

Klassische Texte von Voltaire bis zur Gegenwart
Herausgegeben von Fritz Stern und Jürgen Osterhammel
2011. 558 Seiten. Leinen

Verlag C.H.Beck München